나는
무엇을 위해
살아왔는가

BERTRAND RUSSELL SELECTED ESSAYS

Bertrand Russell

나는
무엇을 위해
살아왔는가

버트런드 러셀

최혁순 옮김

문예출판사

α

훌륭한 삶이란 사랑으로 힘을 얻고
지식으로 길잡이를 삼는 삶이다.

The good life is one inspired by love
and guided by knowledge.

차 례

1부 자전적 성찰

나는 무엇을 위해 살아왔는가	11
추억의 초상 _80회 생일에 즈음하여	13
나는 왜 감옥에 갔는가	20
우리는 어떻게 늙어가야 하는가	27

2부 행복

무엇이 인간을 불행하게 하는가	35
아직도 행복은 가능한가	46
행복에 이르는 길	59
훌륭한 삶이란 무엇인가	66

3부 종교

나는 왜 기독교인이 아닌가   77
어느 신학자의 악몽   103
종교는 우리의 문제를 해결할 수 있는가   108
나는 왜 불가지론자인가   122

4부 학문

나는 왜 철학을 하게 되었는가   141
나는 어떻게 글을 쓰는가   147
우리 시대를 위한 철학   153
지식과 지혜   161

5부 정치

정치적으로 중요한 욕망들   169
명료한 사유를 위한 변론   190
인류에게 미래가 있는가 _프롤로그 혹은 에필로그   197

일러두기

* 옮긴이가 덧붙인 말은 〔 〕로 표기했습니다.

1부

자전적 성찰

On myself

나는 무엇을 위해 살아왔는가

단순하긴 하지만 압도적으로 강렬한 세 가지 열정이 내 생애를 지배해왔다. 사랑에 대한 갈망과 지식의 탐구, 그리고 인류가 겪는 고통에 대한 참을 수 없는 연민이 바로 그것이다. 이런 열정이 마치 거센 바람처럼 제멋대로 나를 몰고 다니면서 번민의 깊은 바다를 이리저리 헤매게 했고 절망의 극한에까지 이르게 했다.

내가 사랑을 추구해온 첫 번째 이유는 그것이 황홀한 열락을 가져다주기 때문이다. 몇 시간에 불과한 이 즐거움을 위해 내 남은 인생 전부를 희생하려 했던 적이 종종 있었을 만큼 사랑의 열락은 대단한 것이다. 내가 사랑을 추구해온 두 번째 이유는 그것이 외로움을 덜어주기 때문이다. 두려움에 떨고 있는 우리의 의식이 세상의 끝자락을 넘어, 바닥이 보이지 않는 차디찬 죽음의 심연을 들여다볼 때 느끼게 되는 그 외로움 말이다. 내가 사랑을 추구해온 마지막 이유는 누군가와 사랑으로 결합될 때, 이 세상의 성자와 시인 들이 상상해온 천국의 예고편을 마치 신비로운 축소판처럼 보았기 때문이다. 이것이 바로 내가 찾던 것이다. 인간의 삶에 비해서는 과분할 정도로 좋아 보일지도 모르는 이것을 나는 마침내 찾아냈다.

이와 동등한 열정으로 나는 지식을 추구해왔다. 인간의 마음을 이해하고 싶었다. 별이 빛나는 이유를 이해하고 싶었다. 그리고 나는 숫자라는 질서가 사물의 끊임없는 변화를 지배하게 해주는 피타고라스적인 힘을 파악하려고 노력해왔다. 나는 이 분야에서 대단하지는 않지만 약간의 성취를 이루었다.

사랑과 지식이 내게 허용되는 한, 그것들은 나를 천상으로 인도했다. 그러나 인간에 대한 연민은 언제나 나를 지상으로 되돌아오게 했다. 고통에 찬 사람들의 비명 소리가 내 가슴속에 메아리치고 있다. 굶주리는 아이들, 압제자들에게 고문당하는 희생자들, 자식들에게 혐오스러운 짐이 되어버린 의지할 곳 없는 노인들, 그리고 고독과 빈곤과 고통으로 가득한 전 세계는 인간의 삶이 마땅히 지향해야 할 이상을 비웃고 있다. 나는 이런 사회악의 폐해가 완화되기를 간절히 소망하지만, 그것은 내가 할 수 있는 일이 아니다. 그래서 나 또한 고통스럽다.

이것이 내 생애였다. 나는 이런 삶이 살 만한 가치가 있었다는 것을 발견했으며, 만약에 기회가 주어진다면 기꺼이 이런 삶을 다시 한 번 살 것이다.

추억의 초상

– 80회 생일에 즈음하여

어떤 사람이 여든 살이 되면, 그간 해오던 일의 대부분은 이제 끝났으며 일부 남아 있는 일들도 그 중요성이 떨어진다고 생각하는 것이 온당하다. 소년 시절 이래 나는 인생의 진지한 부분을 두 가지 다른 목표에 쏟아부었다. 이 목표들은 오랫동안 따로 분리되어 있다가 최근 들어서야 하나의 덩어리로 통합되었다. 한편으로 나는 우리가 과연 객관적인 대상에 대해 알 수 있는가 하는 것을 확인하고자 했으며, 다른 한편으로는 좀더 행복한 세상을 만들기 위해 가능한 것은 무엇이든 하고자 했다. 서른여덟 살이 될 때까지 나는 줄곧 내가 가진 에너지 대부분을 이 두 가지 가운데 첫 번째 과업에 쏟았다. 나는 회의주의(skepticism)의 벽에 부딪혀 고심했으며, 지식으로 통용되는 것들의 대부분은 합리적 의심의 여지가 있다는 꺼림칙한 결론에 다다를 수밖에 없었다. 나는 사람들이 종교적 신앙을 받아들이는 것과 같은 종류의 확실성을 원했으며, 다른 어떤 분야보다 수학에서 그런 확실성을 발견할 공산이 크다고 생각했다. 하지만 나는 스승들이 당연한 것으로 받아들이라고 했던 수학적 논증들의 상당수가 오류로 가득 차 있다는 것을 발견했다. 만일 수학에서 확실성을 찾을 수 있다면 그것은 새로운 종류의 수학에 속한 확실성일 것이며, 그 수학은 여태까지 확고한 것으로 받아들여졌던 학문적 토대보다 한층 더 견고한 토대를 가진 수학일 거라는 점도 알게 되었다. 하지만 그런 탐구를 진행함에 따라 나는 코끼리와 거북의 우화〔세상을 떠받치고 있는 것이 코끼리이고 그것을 떠받치고 있는 것은 거북이라고 말하지만 그 아래에 무엇이 있느냐는 질문에는 입을 닫아버렸다는 어느 인도인의 이야기〕를 끊임없이 떠올리게 되었다. 코끼리로 반석을 구축하여 그 위에 수학적 세계를 세웠더니 코끼리가 비틀거렸다. 그래서 나는 코끼리가 쓰러지지 않도록 거북으로 반석을 만들어 코끼리 밑에 고였다. 하지만 거북은 코끼리만큼이나 불안정했다. 결국 20여 년에 걸친 악전고투 끝에 나는 수학적 지식을 확고부동한 것으로 만들기 위해 내가 할 수 있는 일은 더 이상 없다는 결론에 도달했다. 그 무렵 1차 세계대전이 발발했고, 내 사유는 인간의 고통과 어리석음에 집중하게 되었다. 내가 보기에 이 두 가지 불행 가운데 어느 것도 인간이 불가피하게 떠안아야만 하는 숙명 같지는 않다. 나는 우리 인류가 지성과 인내와 설득의 힘을 발휘함으로써 스스로 초래한 고통의 질곡에서 조만간 빠져나올 것이라 확신한다. 혹시 그 사이에 인류가 자멸하지만 않는다면 말이다.

이런 믿음을 바탕으로 나는 늘 일정 정도의 낙관주의를 유지해왔다. 나이가 들어가면서 그런 낙관주의가 좀더 냉정해지고 가슴 설레는 일들도 줄어들기는 했다. 그래도 나는 여전히, 인간이 고통받으려고 태어났다는 견해를 숙명론적으로 받아들이는 사람들에게는 절대 동의할 수 없다. 과거와 현재의 불행이 생겨난 원인들을 알아내는 것은 어려운 일이 아니다. 빈곤과 전염병과 기근은 인간이 자연을 부적절하게 지배해왔기 때문이다. 전쟁과 압제와 고문은 다른 인간들에 대한 적개심 때문이다. 음울한 이념들이 조장한 무시무시한 고통은 외적인 번영을 모두 물거품으로 만들어버리는 극심한 내면의 불화 속으로 사람들을 몰아갔다. 하지만 이 모든 것들이 필연적인 것은 아니다. 이 모든 불행의 원인들을 극복하는 수단들은 이미 우리에게 알려져 있다. 만일 현대 세계에서 공동체들이 불행하다면, 그것은 그들이 불행하기를 선택하기 때문이다. 좀더 정확하게 말하자면, 그들이 행복이나 생명보다 소중하게 여기는 무지와 습관과 신념과 열정을 가지고 있기 때문이다. 우리가 속한 이 위험한 시대에는 고통과 죽음을 사랑하는 것처럼 보이는 사람들이 많다. 희망을 제시하면 화를 내는 사람들이 많다. 그들은 희망이 비이성적이라고 생각하며, 게으른 절망에 빠져서 눈앞에 닥친 사건들만 처리하기에 급급하다. 나는 이런 사람들에게 동의할 수 없다. 우리가 사는 세상에서 희망을 지켜나가려면 지성과 활력이 필요하다. 절망에 빠진 사람들에게 결핍된 것이 활력인 경우는 매우 흔하다.

   나는 인류 역사의 고통스러운 한 시기에 내 인생의 후반부를 보냈다. 그 시기에 세상은 점점 나빠지고 있었으며, 확고해 보였던 과거의 성취들은 일시적인 것에 불과하다고 판명되었다. 내가 어렸을 때는 빅토리아 시대의 낙관주의가 당연한 것으로 받아들여졌다. 자유와 번영이 질서정연한 과정을 거쳐 전 세계로 퍼져나갈 것이라고 여겨졌다. 잔학한 행위와 압제와 불의가 지속적으로 줄어들 것이라는 희망이 있었다. 세계대전의 공포에 사로잡힌 사람은 거의 없었다. 19세기가 과거와 미래의 야만적인 드라마 사이에 낀 짧은 막간이라고 간주하는 사람도 거의 없었다. 그런 분위기에서 성장한 사람들이 지금 세상에 적응하는 것은 어려운 일이었다. 그것은 정서적으로뿐만 아니라 지성적으로도 어려운 일이었다. 한때 적합하다고 생각되었던 이상들이 부적합하다고 판명되었다. 어떤 측면에서는 소중한 자유들을 지켜내는 일이 매우 힘든 것으로 드러났다. 다른 측면에서는, 특히 국가들 사이의 관계라는 측면에서는, 과거에 가치 있는 것으로 받아들여졌던 자유들이 잠재적인 재앙의 원천이 되기도 했다. 이 세계가 지금의 위험한 상태에서 빠져나오려면 새로운 생각들과 새로운 희망들, 새로운 자유들, 그리고 자유에 대한 새로운 규제들이 필요하게 되었다.

사회적·정치적 문제들과 관련하여 내가 그동안 해온 일이 대단히 중요한 일이었다고 주장할 수는 없다. 공산주의가 그러하듯, 독단적이고 명쾌한 신조를 통해 세상에 지대한 영향을 미치는 것은 상대적으로 쉬운 일이다. 하지만 나로서는 인류에 필요한 것이 명쾌하거나 독단적인 어떤 것이라고 믿을 수 없다. 나는 인간 삶의 일부나 특정 측면만을 다루는 부분적인 이념 또한 진심으로 믿을 수 없다. 어떤 사람들은 모든 것이 제도에 달렸으며, 좋은 제도가 필연적으로 지상천국을 가져다줄 거라고 주장한다. 한편, 우리에게 필요한 것은 마음의 변화이지 제도는 별로 중요하지 않다고 믿는 사람들도 있다. 나는 어느 쪽의 견해도 받아들일 수 없다. 제도가 사람을 만들고 사람은 제도를 변화시킨다. 결국 두 분야 모두에서 개혁이 나란히 이루어져야 하는 것이다. 개인들이 가져야 하는 결단력과 융통성이라는 수단을 계속 유지하려면 모든 사람들이 하나의 단단한 틀 안에 갇혀서는 안 된다. 다른 식으로 비유하자면, 모든 군인들을 단일 부대에서 훈련시키면 안 된다는 것이다. 다양성은 그것이 단일한 신조의 보편적인 수용을 불가능하게 만든다는 사실에도 불구하고 지극히 중요하다. 하지만 고난의 시기에 그런 원칙을 설파하는 것은 어려운 일이다. 아마도 그것은 사람들이 비극적인 경험을 통해 쓰디쓴 교훈을 배우고 난 뒤에야 영향을 미칠 수 있을 것이다.

내가 수행해온 과업은 막바지에 이르렀고, 이제는 그것을 전체적으로 살펴볼 때가 되었다. 나는 얼마만큼 성공했고 얼마만큼 실패한 것일까? 어린 시절부터 나는 내 자신이 위대하고도 힘든 과업들에 바쳐진 존재라고 여겼다. 61년 전 차갑게 빛나는 3월의 태양 아래 티어가르텐 공원(Tiergarten, 독일 베를린 중심부에 있는 큰 공원)의 녹아내리는 눈길을 홀로 걸으면서 나는 두 가지 계열의 책들을 쓰겠다고 결심했다. 그중 하나는 추상적인 것이었는데 점차 구체적인 것으로 발전했으며, 다른 하나는 구체적인 것이었는데 점차 추상적인 것으로 발전했다. 이 두 가지는 순수한 이론과 실용적인 사회철학을 결합한 하나의 종합적인 사상으로 완성되어야 하는 것이었다. 여전히 나를 피하고 있는 궁극적인 종합에는 도달하지 못했지만 나는 이 두 가지 계열의 책들을 써왔다. 그 책들은 호평과 찬사를 받았고 많은 사람들의 생각에 영향을 미쳐왔다. 이만큼은 내가 성공을 거두었다 할 수 있을 것이다.

이와 반면에 나는 두 가지 실패를 인정할 수밖에 없다. 하나는 외적인 실패이고 다른 하나는 내적인 실패이다.

먼저 외적인 실패부터 얘기해보자. 티어가르텐 공원은 지금 불모지가 되었다. 3월의 그 아침에 티어가르텐 공원에 들어가려고 내가 지나갔던 브란덴부르크 문은 적대적인 두 제국의 경계선이 되어버렸다(냉전 시대 미국과 소련의 대치로 세워진 베를린 장벽의 중심에 이 문이 있었음). 두 제국은 높다랗게 가로막고 있는 장벽 너머로 서로를 노려보면서 인류의 멸망을 냉혹하게 준비하고 있다. 공산주의자들과 파시스트들, 그리고 나치주의자들은 내가 훌륭하다고 생각했던 모든 것들을 연이어 공격했으며, 그들을 물리치는 과정에서 우리가 보존하고자 애써온 것들의 상당 부분이 사라지고 있다. 자유를 말하는 사람은 나약하다고 간주되었으며, 상대방에 대한 관용을 주장하는 사람은 배반자로 낙인찍히게 되었다. 오래된 이상들은 더 이상 통하지 않는다며 외면당하고, 가혹함을 수반하지 않으면 어떤 원칙도 존중받지 못한다.

세상에는 별 중요한 일이 아니겠지만, 내적인 실패는 내 정신적 삶을 끊임없는 전쟁터로 만들어버렸다. 나는 플라톤적인 영원한 세계에 대한 일종의 종교적 믿음을 품고 내면의 여정을 시작했다. 그 세계에서 수학은《신곡》〈천국편〉의 마지막 시편들을 채우고 있는 아름다움으로 빛나고 있었다. 하지만 나는 영원한 세계라는 것이 하찮은 것이며, 수학이란 같은 대상을 다른 언어로 말하는 것일 뿐이라는 결론에 이르렀다. 다른 한편으로 나는 사랑과 자유와 용기가 싸우지 않고도 세상을 정복할 수 있으리라는 믿음을 품고 내면의 여정을 시작했다. 하지만 나는 혹독하고 끔찍한 전쟁(2차 세계대전)을 끝내 지지하고야 말았다. 이런 점들을 보면 나는 실패했다고 할 수 있다.

그러나 이 모든 실패의 무게에 짓눌리면서도 나는 여전히 승리인 것처럼 느껴지는 어떤 것을 의식하고 있다. 내가 이론적인 진리를 잘못 파악했을 수도 있지만, 그러한 진리가 존재하며 그것이 우리의 충성을 받을 만한 가치가 있다고 생각했다는 점에서 나는 잘못을 범하지 않았다. 자유롭고 행복한 인류가 사는 세상으로 가는 길을 지금 판명되고 있는 것보다 짧게 생각했을 수는 있지만, 그러한 세상이 가능하며 그것을 앞당기려는 목적을 갖고 살 만한 가치가 있다고 생각했다는 점에서 나는 잘못을 범하지 않았다. 나는 개인적인 이상과 사회적인 이상 둘 다를 추구하며 살아왔다. 먼저 개인적인 이상은 이런 것들이다. 나는 고귀한 것, 아름다운 것, 온화한 것을 좋아하려 했다. 나는 이 세상이 한층 세속적으로 변해가는 시대에 살면서도 통찰의 순간들로부터 지혜를 이끌어내려 했다. 다음으로는 사회적인 이상이다. 나는 상상력을 발휘하여 장차 창조될 수 있는 사회를 내다보고자 했다. 개개인이 자유롭게 성장하는 사회, 증오와 탐욕과 시기가 자양분을 공급받지 못해 사멸하고 마는 사회가 바로 그것이다.

    나는 이러한 것들을 믿고 있으며, 이 세계가 보여준 그 모든 참상에도 불구하고 흔들림 없이 내 길을 걸어왔다.

나는 왜
감옥에 갔는가

내 인생은 1차 세계대전 발발 이전과 이후 두 시기로 선명하게 나뉜다. 그 전쟁은 나를 온통 뒤흔들어 많은 편견들을 떨쳐버리게 했으며 수많은 근본적 질문들을 새롭게 생각하게 했다.

다른 사람들과 마찬가지로 나 또한 점증하는 전쟁의 위험을 실망스러운 마음으로 지켜보았다. 나는 협상 정책(the Entente, 독일 제국을 견제하기 위해 영국이 프랑스, 러시아 등과 손잡아야 한다는 정책)을 좋아하지 않았다. 1902년 내가 회원으로 있던 작은 토론 모임에서 에드워드 그레이 경(Sir Edward Grey, 1905년부터 전쟁 초기까지 재직한 영국의 외무장관)이 그 정책을 옹호하는 것을 나는 처음 들었다. 당시에는 그 정책이 채택되지 않았을뿐더러 에드워드 그레이 경은 내각의 일원도 아니었다. 하지만 그는 정부의 의도를 잘 알고 있었으며 각료들과 의견을 같이하고 있었다. 나는 이에 대해 격렬하게 반대했다. 나는 전제적인 차르(Czar, 러시아 황제)가 통치하는 러시아와 손잡는 것을 좋아하지 않았으며, 카이저(Kaiser, 독일 황제)의 독일과 타협하는 데 극복할 수 없는 어떤 장애물도 발견할 수 없었기 때문이다. 나는 거대한 전쟁이 한 시대의 끝을 장식하게 될 것이며 문명의 전반적인 수준을 대폭 끌어내릴 거라고 내다봤다. 이런 이유에서 나는 영국이 중립을 유지하기를 바랐다. 이후의 역사는 이런 내 견해가 옳았음을 확인시켜주었다.

7월 말의 뜨거운 나날 동안 나는 케임브리지 대학에서 그곳의 모든 사람들과 시국에 대해 토론했다. 나는 유럽 전체가 전쟁에 뛰어들 정도로 미쳐버린다는 것은 믿기 어렵다고 생각했지만, 만일 전쟁이 벌어진다면 영국도 거기에 휘말려들 거라는 말에는 납득이 갔다. 그래서 나는 수많은 교수와 연구원 들의 서명을 받아 〈맨체스터 가디언〉 지에 중립 지지 선언문을 게재했다. 하지만 전쟁이 선포되던 날, 그들 가운데 거의 모든 이들이 마음을 바꿨다. 돌이켜보건대, 사람들이 그때 우리에게 다가오고 있던 사태를 명확하게 깨닫지 못했다는 건 놀라운 일인 것 같다.

8월 4일 저녁 내내 나는 거리를 걸어 다녔다. 특히 트라팔가 광장 근처에서는 환호하는 군중을 지켜보았으며 행인들의 감정을 예민하게 포착하려고 애썼다. 그 며칠 동안 나는 평범한 남녀들이 전쟁의 전망에 대해 즐거워하는 것을 발견하고 경악했다. 대부분의 평화주의자들처럼 나 또한 전쟁이란 독재적이고 마키아벨리적인 정부들이 주저하고 있는 국민들에게 강요하는 것이라는 허황된 상상을 했던 것이다.

나는 애국심 때문에 괴로웠다. 마른 강 전투(the Battle of the Marne, 독일군과 프랑스·영국 연합군이 파리 북동부 마른 강에서 벌인 전투. 승승장구하던 독일군이 여기서 패퇴하면서 전쟁은 교착 상태에 빠지게 되었다) 이전에 독일이 거둔 승전들이 내게는 끔찍한 일로 다가왔다. 나는 여느 퇴역 대령만큼이나 열렬하게 독일의 패배를 갈망했다. 영국에 대한 사랑은 내가 가진 가장 강력한 감정에 아주 가까운 것이었다. 따라서 그 같은 시기에 그 사랑을 한쪽에 치워둔 것처럼 행동하는 것은 매우 어려운 결단이었다. 그럼에도 내가 해야 하는 일에 대해서는 결코 한순간도 의심을 하지 않았다. 인생을 살아오면서 때로는 회의로 정신이 마비된 적이 있었고 때로는 냉소적이거나 무관심한 적도 있었지만, 그 전쟁이 터졌을 때는 마치 신의 음성을 듣는 것 같은 느낌이 들었다. 아무리 헛된 저항이라 할지라도 그것이 바로 내 일이라는 것을 알고 있었다. 내 모든 것을 거기에 걸었다. 진리를 사랑하는 사람으로서 나는 모든 교전국들이 펼치는 국가적 선전에 구역질이 났다. 문명을 사랑하는 사람으로서 나는 야만주의의 귀환에 간담이 서늘해졌다. 좌절당한 부성애를 가진 사람으로서 나는 젊은이들의 대량 학살에 가슴이 찢어지는 것 같았다. 그 전쟁에 반대한다고 해서 좋은 일이 많이 생길 것이라고 생각하지는 않았지만, 다리가 성한 사람이라면 인간 본성의 명예를 지키기 위해 두 발로 굳건히 선다는 것을 보여주어야 한다고 나는 느꼈다. 군용열차들이 워털루 역을 떠나는 광경을 목격한 다음부터 런던이 비현실적인 공간으로 보이는 기이한 환상이 떠오르곤 했다. 그 환상 속에서 나는 다리들이 무너져 강물 속으로 가라앉고 도시 전체가 아침 안개처럼 사라지는 것을 보곤 했다. 그 도시의 거주자들이 환영처럼 보이기 시작했으며, 내가 살았다고 생각한 세상이 열병에 걸렸을 때 꾼 악몽들의 잔재에 불과한 것은 아닌지 의아했다. 하지만 그런 기분은 일을 해야 하는 필요성 때문에 짧게 지속되다 사라지고 말았다.

나는 많은 반전 집회에서 연설을 했다. 대체로 사고는 없었지만 폭력적으로 진전된 경우가 있었다. 케렌스키 혁명(1917년 러시아의 차르 체제를 무너뜨린 혁명으로 '2월 혁명'이라고도 부른다. 이때 임시정부의 수반을 맡았다가 볼셰비키 혁명으로 축출된 사람이 케렌스키다)을 지지하기 위해 열렸던 집회가 바로 그것이다.

그 집회는 사우스게이트 거리에 있는 형제애교회(the Brotherhood Church)에서 개최되었다. 애국적인 성향의 신문들은 우리가 독일과 내통하여 독일 공군기들에게 폭탄 투하 지점을 신호로 알려준다고 선전하는 전단들을 교회 주변의 연립주택 단지 전역에 배포했다. 이 때문에 그 지역에서는 우리를 그리 좋은 눈으로 보지 않게 되었고, 이내 한 무리의 군중이 교회를 에워쌌다. 우리들 가운데 일부는 완전한 무저항주의자였고, 다른 사람들은 교회를 포위하고 있는 빈민가 주민들과 맞서기엔 우리가 너무 소수라는 걸 깨달았기 때문에 대부분은 저항이 나쁘거나 현명하지 못한 방법이라고 믿었다. 프랜시스 메이넬을 비롯한 몇몇 사람들이 저항을 시도했지만, 결국 그가 얼굴에 피를 흘리며 정문에서 돌아오던 모습이 기억난다.

군중은 경찰 몇을 앞세우고 교회 안으로 밀고 들어왔다. 경찰들을 제외하고 모두가 웬만큼 취해 있었다. 가장 사나웠던 건 녹슨 못이 잔뜩 박힌 나무판을 휘두르는 여장부들이었다. 경찰들은 자신들이 죄다 겁쟁이라고 여긴 평화주의자 남성들에게 적합한 조치를 취하기 위해 우리 쪽 여성들이 먼저 물러나도록 유도했다. 이때 스노든 부인이 매우 경탄할 만한 행동을 했다. 그녀는 남자들도 동시에 그 자리를 떠나도록 허용하지 않는다면 자기도 떠나지 않겠다고 단호하게 말했다. 다른 여성들도 모두 그 의견에 동의한다고 했다. 불량배들을 이끌고 있던 경찰들은 여성들을 공격하고 싶지 않았기에 이런 반응에 당황했다. 하지만 이 무렵 군중은 이미 흥분이 극에 달해 있었으므로 일대 혼란이 벌어지기 시작했다. 경찰이 침묵하며 지켜보는 가운데 우리는 각자 최선을 다해 탈출해야만 했다. 술에 취한 부인 둘이 못이 잔뜩 박힌 나무판으로 나를 공격하기 시작했다. 이런 공격에는 어떻게 방어해야 할지 몰라 전전긍긍하는 동안, 우리 일행 가운데 한 숙녀가 경찰에게 달려가 나를 보호해달라고 요청했다. 하지만 경찰들은 어깨만 으쓱거릴 뿐이었다. 그녀가 "저분은 저명한 철학자라고요"라고 말했지만 경찰들은 여전히 어깨만 으쓱거렸다.

"저분은 전 세계적으로 유명한 학자라니까요."

그녀가 이어서 말했지만 경찰들은 꿈쩍도 하지 않았다. 마침내 그녀가 소리쳤다.

"저분은 백작님의 동생이에요!"

이 말에 경찰들이 나를 도와주러 달려왔다. 하지만 그들은 도움이 되기에는 너무 늦게 왔다. 나는 누군지 모르는 젊은 여성 덕분에 겨우 목숨을 부지할 수 있었다. 그녀는 나와 그 부인들 사이에 끼어들어 내가 탈출할 때까지 버텼다. 다행스럽게도 그녀는 경찰들 덕분에 공격받지 않았다. 하지만 몇몇 여성들을 비롯한 상당수 사람들은 옷이 등 뒤까지 찢어진 채 교회를 벗어났다.

형제애교회의 목사는 놀랄 만한 용기를 가진 평화주의자였다. 그는 이런 사건에도 불구하고 곧이어 그 교회에서 연설을 하도록 나를 초대했다. 하지만 이번에는 군중이 설교단에 불을 지르는 바람에 연설을 할 수 없었다. 이것은 내가 개인적인 폭력과 마주친 유일한 경우였다. 하지만 언론의 선전이 가진 힘은 대단한 것이어서 평화주의자가 아닌 내 친구들은 내게 와서 이렇게 말했다.

"군중이 죄다 박살내는 집회에서 연설을 계속하려는 이유가 뭔가?"

1918년에는 반전운동을 했다는 죄목으로 4개월 반 동안 감옥에 갇혀 있었다. 하지만 아서 밸푸어(Arthur Balfour, 영국의 저술가이자 정치가로 1918년 당시 외무장관이었다)가 손써준 덕분에 나는 감옥 안의 일급 사동에 배치되었다.

그곳에서 나는 반전운동을 하지 않는다는 조건하에 원하는 만큼 읽고 쓸 수 있었다. 감옥은 여러 면에서 상당히 마음에 들었다. 약속도 없었고 어려운 결정을 내릴 필요도 없었다. 방문객이 찾아올 염려도 없었고 내 작업을 방해하는 것들도 없었다. 나는 책을 엄청나게 읽었고 《수리철학의 기초(Introduction to Mathematical Philosophy)》라는 책도 썼으며 《정신분석(Analysis of Mind)》 집필을 위한 사전 작업을 시작했다. 나는 동료 수감자들에게도 꽤 관심을 가졌다. 내가 보기에 그들은 결코 담장 밖에 있는 나머지 사람들보다 도덕적으로 열등한 것 같지는 않았다. 다만 그들이 붙잡혔다는 사실이 보여주듯, 대체로 보통 수준보다는 지성이 약간 부족하긴 했다. 일급 사동이 아닌 곳에 있는 사람에게, 특히 독서와 집필에 익숙한 사람에게 감옥은 가혹하고 끔찍한 형벌이다. 하지만 아서 밸푸어 덕분에 이것은 나에게 해당되지 않는 얘기였다.

감옥에 들어가던 날, 정문에서 내 인적 사항을 기록했던 교도관 덕분에 나는 꽤나 유쾌했다. 그가 내 종교를 물었다.

"불가지론입니다."

그는 이 단어의 철자를 어떻게 쓰는지 묻고는 한숨을 내쉬며 말했다.

"이거 참, 세상에는 종교가 많기도 하네요. 다들 똑같은 신을 모시는 것 같은데 말이죠."

이 말 덕분에 나는 한 주 내내 유쾌하게 지낼 수 있었다.

1918년 9월, 나는 감옥에서 나왔다. 이미 그 무렵에는 전쟁이 끝나가고 있다는 것이 분명해졌다. 종전을 앞둔 마지막 몇 주 동안 나는 대부분의 다른 사람들처럼 미국의 윌슨 대통령이 주창한 평화원칙 14개조와 국제연맹에 희망을 걸고 있었다. 종전은 너무나 신속하고 극적으로 이루어져서 아무도 변화된 환경에 자신의 감정을 적응시킬 시간을 갖지 못했다. 11월 11일 아침, 나는 휴전이 이루어질 것이라는 소식을 일반 대중보다 몇 시간 앞서 들었다. 나는 거리로 나갔고, 거기서 만난 한 벨기에 병사에게 그 소식을 전했다. 그는 이렇게 대답했다.

"Tiens, C'est chic!(와, 그거 잘됐군요!)"

나는 담뱃가게에 들어가 주인아주머니에게도 그 소식을 전했다. 그녀의 대답은 이랬다.

"그 말을 들으니 기쁘네요. 이제는 독일군 포로들을 없애버릴 수 있을 테니까요."

오전 11시에 휴전이 선포되었을 때 나는 토트넘 코트 거리에 있었다. 휴전 발표가 나고 2분 안에 가게와 사무실에 있던 모든 사람들이 거리로 뛰쳐나왔다. 그들은 버스들을 가로막아 세운 뒤 자신들이 원하는 곳으로 마구 달리게 했다. 나는 서로 완전히 남남인 한 남자와 한 여자가 거리 한복판에서 만나 입 맞추는 광경을 목격했다. 군중은 크게 기뻐했고 나도 크게 기뻤다. 그러나 나는 여전히 외로웠다.

우리는 어떻게 늙어가야 하는가

'우리는 어떻게 늙어가야 하는가'란 제목을 붙였으나 실제로 이 글은 내 나이쯤 되면 훨씬 더 중요하게 다가오는 주제인 '어떻게 하면 늙지 않을 것인가'에 관한 글이다. 이 문제와 관련한 내 첫 번째 조언은 조상을 잘 만나야 한다는 것이다. 내 부모님은 모두 일찍 돌아가셨지만 다른 분들은 이 점에서 양호한 편이셨다. 외할아버지가 예순일곱이라는 꽃다운 나이에 가시긴 했어도 외할머니와 친할아버지, 친할머니는 모두 여든 살을 넘기셨다. 먼 조상들 가운데는 한 분만이 백수를 누리지 못하셨다. 요즘에는 보기 드문 사인(死因)인 참수형을 당하셨기 때문이다. 로마사에 정통한 역사가 에드워드 기번(Edward Gibbon, 18세기 영국의 역사가)과 친구 사이였던 증조할머니는 아흔두 살까지 사셨는데, 돌아가시는 날까지 모든 후손들에게 경외의 대상이셨다.

성인이 될 때까지 생존한 아홉 명의 자녀와 어려서 죽은 한 명의 자녀를 출산했고 여러 번 유산을 겪은 외할머니는 홀로 되자마자 여성을 위한 고등교육에 여생을 바치셨다. 그분은 거튼 칼리지(Girton College, 케임브리지 대학

소속으로 영국 최초의 여자 대학)의 창립 멤버였으며, 여성들에게 의료계에 진출할 수 있는 문을 열어주려고 노력하셨다. 외할머니는 언젠가 이탈리아에 갔다가 무척이나 슬퍼 보이는 노신사를 만났던 이야기를 들려주시곤 했다. 외할머니는 왜 그리 슬퍼하느냐 물어보셨고, 손자 녀석 둘과 막 이별해서 그렇다는 노신사의 말에 이렇게 외치셨다고 한다.

"맙소사! 나는 손자손녀가 일흔둘이나 되니 걔들과 헤어질 때마다 슬퍼한다면 나야말로 우울하게 살아야겠군요!"

이 말을 들은 노신사의 반응은 이랬다.

"Madre naturale!(하늘이 내린 어머니시로군요!)"

하지만 일흔두 명에 이르는 그분의 후손들 가운데 한 사람으로서 말하건대, 나는 이 이야기보다 나이드는 것에 관한 그분의 비결을 더 좋아한다. 여든 살이 넘은 뒤로 잠들기가 힘들어진 외할머니는 자정부터 새벽 3시까지 습관처럼 대중과학서들을 읽으며 시간을 보내셨다. 그분이 과연 나이를 먹고 있다는 걸 깨달을 틈이나 있으셨을까 의심스럽다. 나는 이것이 젊음을 유지하는 비결이라 생각한다. 당신이 아직도 역량을 발휘할 수 있는 영역에서 폭넓고도 예민한 관심과 활동을 유지하고 있다면, 이미 살아온 세월의 숫자라는 통계적 사실 따위는 생각할 이유가 없을 것이다. 더구나 짧은 여생에 대해서는 더더욱 그러하다.

건강에 관해서라면 나는 별로 할 말이 없다. 별로 아파본 적이 없기 때문이다. 나는 좋아하는 것을 먹고 마셨으며, 깨어 있을 수 없을 때는 잠을 잤다. 건강에 좋다는 이유로 뭔가를 해본 적이 도무지 없다. 실제로 내가 하고 싶은 것들은 대체로 건강에 좋은 일이기도 하다.

나이를 먹으면서 심리적으로 경계해야 할 두 가지 위험이 있다. 그중 하나는 과거에 대한 부적절한 집착이다. 좋았던 옛날을 되돌아보며 후회하거나 죽은 친구들 때문에 슬퍼하면서 기억 속에 사는 것은 아무 짝에도 쓸모가 없다. 우리의 생각은 앞으로 다가올 미래와 우리가 해야 할 뭔가를 지향해야 한다. 이것이 늘 쉽지는 않다. 시간이 흐를수록 우리의 과거가 점점 무게를 더해가기 때문이다. 예전에는 감정이 지금보다 생생했고 마음도 지금보다 예민했다고 생각하기 쉽다. 비록 이것이 사실이라 할지라도 잊어야만 한다. 만일 이것이 잊힌다면 아마도 그것은 더 이상 사실이 아닐 것이다.

우리가 피해야 할 또 한 가지는 젊은이들의 원기를 빨아먹겠다는 희망으로 그들에게 매달리는 것이다. 당신의 자녀들은 성장하면 자기만의 삶을 살고 싶어 한다. 만일 자녀들이 어렸을 때처럼 계속 관심을 쏟게 되면, 그들이 특별히 무던하지 않은 한 당신은 그들에게 짐이 되기 십상이다. 자녀들에게 관심을 갖지 말라는 것이 아니라, 우리의 관심이 사려 깊어야 하고 가능하다면 자애로워야 하지만 부적절하게 감정적이어서는 안 된다는 말이다. 동물은 새끼들이 앞가림을 하자마자 그들에게 무관심해지지만 인간은 유년기가 길어서인지 이것을 힘겨워한다.

성공적으로 나이를 먹는 일은 적절한 활동을 수반하는 공적인 관심사들을 가진 사람들에게 더 쉬울 거라는 생각이 든다. 오랜 경험이 실제로 도움이 되는 것도 이런 영역이며, 경험으로부터 나온 지혜가 억압적이지 않을 수 있는 것도 이런 영역이다. 성인이 된 자녀들에게 실수하지 말라고 하는 것은 아무 소용이 없다. 당신을 믿지도 않을뿐더러, 실수를 한다는 것은 인생에서 얻을 수 있는 배움의 일부이기 때문이다. 그러나 당신이 공적인 관심사를 갖지 못하는 사람이라면, 자녀들과 손자들의 삶에 개입하지 못할 때 인생이 허무하다고 느낄 수도 있다. 만일 그렇다면, 당신이 아직 그들에게 용돈을 주거나 뜨개질한 스웨터를 선물할 수 있음에도 그들이 당신과 함께 있는 것을 좋아하지 않는다는 것을 깨달아야만 한다.

어떤 노인들은 죽음에 대한 두려움에 짓눌려 지낸다. 젊을 때는 이런 감정에 대해 자기 자신을 정당화할 논리가 있다. 전투 도중에 죽을지도 모른다고 두려워하는 젊은이들이 인생에서 누릴 수 있는 최상의 것들을 맛보지 못하고 간다는 생각을 하면서 쓰라린 감정을 품는 것은 납득이 간다. 하지만 인생의 단맛과 쓴맛을 다 봤고, 뭐가 되었건 자신의 일에서 성취를 이룬 노인이 죽음에 대해 두려움을 품는 것은 다소 천박하고 비열하다. 그런 두려움을 극복하는 최선의 방법은(적어도 내게는 그래 보인다) 점진적으로 당신의 관심사를 더욱 폭넓고 공적인 것으로 만드는 것이다. 그러면 당신의 에고는 조금씩 뒤로 물러나고, 당신의 삶은 점점 우주적인 생명과 하나가 될 것이다.

개별적인 인간 존재는 강물 같아야 한다. 처음에는 미약하다가 좁은 강둑을 따라 흐르게 되고, 때가 되면 열정적으로 바위들을 지나 폭포 위로 돌진한다. 강폭이 점점 더 넓어지고 제방이 멀어지면 강물은 더욱 빠르게 흐르며, 마침내 눈에 띄는 휴식도 없이 바다와 합쳐지고 나면 아무런 고통 없이 자신의 개별적인 존재를 잃어버린다. 나이가 들었을 때 자기 삶을 이런 식으로 볼 수 있는 사람은 죽음에 대한 두려움으로 고통받지 않을 것이다. 개별적인 존재는 소멸되더라도 그가 소중하게 여기는 것들은 지속될 테니까. 게다가 활력이 사라지고 피로감이 커지면 이제는 쉴 수 있다는 생각 또한 반가울 것이다.

나는 마지막 순간까지 일을 하다가 죽었으면 좋겠다. 내가 더 이상 할 수 없는 일들을 다른 이들이 계속 수행하리란 걸 의식하면서, 그리고 내 인생에서 가능했던 모든 것이 이루어졌다는 생각 속에서 만족감을 느끼며 죽어가고 싶다.

2부

행복

On Happiness

무엇이 인간을
불행하게 하는가

동물은 몸이 건강하고 먹을 것이 충분하기만 하면 행복하다. 우리는 인간도 그래야 한다고 느끼지만 현대 세계에 사는 인간은 적어도 대부분의 경우에 행복하지 않다. 만일 당신이 불행하다면 당신도 거기에서 예외가 아니라는 점을 인정할 마음의 준비가 된 것이다. 만일 당신이 행복하다면 당신의 친구들 가운데 얼마나 많은 이들이 행복한지 그들에게 물어보라. 당신의 친구들을 다 살펴본 다음에는 사람의 표정을 읽는 기술을 스스로 익혀보라. 그리고 평범한 일상에서 당신이 만나는 사람들의 기분을 파악할 수 있는 열린 마음을 가져보라.

> 마주치는 얼굴마다 자국이 있다
> 나약함의 자국이, 고민의 자국이

시인 블레이크는 이렇게 읊조렸다. 비록 종류는 다르겠지만 당신도 어디에서나 불행한 얼굴들과 마주친다는 것을 깨닫게 될 것이다. 당신이 가장 현대적인 대도시의 전형인 뉴욕에 있다고 가정해보라. 그곳에서 일과 시간의 붐비는 거리나 주말의 번화가 혹은 저녁의 댄스홀에 서 있어보라. 당신의 마음속에서 자의식을 비워내고 주변에 있는 낯선 사람들의 개성이 차례차례 그 빈자리를 차지하게 해보라. 이윽고 당신은 이들 다양한 군중이 저마다 고충을 가지고 있다는 것을 발견하게 될 것이다. 일과시간의 군중 속에서 불안, 지나친 긴장, 소화불량, 생존 경쟁 이외의 것에 대한 무관심, 한가롭게 놀 여유조차 없는 각박함, 다른 인간들의 존재에 대한 망각 같은 것들을 목격하게 될 것이다.

주말의 번화가에서 당신은 쾌락을 추구하느라 여념이 없는 남녀들을 보게 될 것이다. 그들은 모두 편안하게 휴일을 즐기고 있으며 그들 가운데 일부는 매우 부유하다. 그들이 쾌락을 추구하는 속도는 모두 획일적이다. 그것은 도로에서 가장 느리게 달리는 자동차의 속도 같다. 자동차를 운전하면서 도로에 있는 다른 차들이나 거리 풍경을 보는 것은 불가능하다. 운전하면서 곁눈질을 하면 교통사고가 날 것이기 때문이다. 자동차를 탄 사람들은 모두 다른 차들을 추월하려는 욕망에 사로잡히지만 도로를 가득 메운 인파 때문에 그럴 수 없다. 직접 운전을 하지 않는 사람들이 가끔 그런 것처럼, 그들의 마음이 이런 집착에서 벗어나기라도 하면 이루 말할 수 없는 권태가 그들을 사로잡고 사소한 불만들이 얼굴에 뚜렷이 드러난다. 가끔 자동차 한 대를 가득 채운 흑인들이 잘 논다는 것의 진수를 보여주지만, 엉뚱한 행동으로 사람들을 분개하게 만들고 끝내 사고를 일으켜 경찰서 신세를 지게 된다. 휴일의 향락은 어쩔 수 없이 불법인 것이다.

이제는 왁자지껄한 저녁을 즐기는 사람들을 지켜보라. 모두들 행복한 시간을 보내겠다는 다짐을 하고 나온 사람들이다. 마치 치과에 가서 아무리

아파도 난리를 치지 않겠다고 결심할 때만큼이나 단호한 다짐이다. 하지만 음주와 애무는 열락으로 가는 출입구라는 속담처럼, 사람들은 급하게 취해 버리고 동행한 파트너가 자신을 얼마나 경멸하는지는 관심도 없다. 취할 정도로 마시고 나면 울기 시작한다. 그리고 자신이 도덕적으로 어머니의 헌신적인 사랑을 받을 자격이 없다며 탄식한다. 맨정신일 때 이성으로 억누르고 있던 죄책감을 술이 해방시켜준 것이다.

이처럼 다양한 불행의 원인은 부분적으로는 사회체제에 있으며 부분적으로는 개인의 심리에도 있다. 물론 개인의 심리라는 것이 상당한 정도로 사회체제의 산물이기는 하다. 행복을 증진시키기 위해 필요한 사회체제의 변화에 대한 글들은 예전에 쓴 적이 있으므로, 여기서는 전쟁과 경제적 수탈, 그리고 잔인함과 공포 속에서 이루어지는 교육의 폐지에 관해 다루지 않겠다. 전쟁을 피하기 위한 체제를 찾아내는 것은 우리 문명에 반드시 필요한 과제이다. 하지만 사람들이 너무나 불행해서 서로를 말살시키는 것을 한낮의 땡볕을 견디는 것만큼도 두려워하지 않는 한, 그 어떤 훌륭한 체제도 성공을 거둘 수 없다. 기계로 인한 대량생산의 혜택을 그것이 가장 필요한 이들에게 얼마만큼이라도 돌아갈 수 있게 하려면 빈곤 확산을 방지하는 것이 필수적이다. 하지만 정작 부자들이 불행하다면 모든 사람을 부유하게 만든다는 것이 무슨 소용 있겠는가? 잔인함과 공포 속에서 이루어지는 교육은 나쁜 것이지만, 스스로 그런 억압의 노예가 된 사람들에게는 다른 어떤 식의 교육도 제공할 수 없다. 이런 생각들을 하다 보면 개인의 문제에 도달하게 된다.

지금 여기에서, 즉 과거에 대한 향수에 빠져 있는 우리 사회 안에서, 사람들은 스스로 행복을 성취하기 위해 무엇을 할 수 있을까? 나는 이런 문제를 논의할 때 극단적인 고통에 시달리는 사람들은 그 대상에서 제외하고자 한다. 일용할 양식과 주택을 확보할 수 있는 충분한 수입, 그리고 일상적인 신체 활동이 충분히 가능한 건강을 논의의 전제로 삼겠다는 뜻이다. 자녀 모두를 잃는다거나 사회적 위신을 잃는 것 같은 커다란 재앙은 염두에 두지 않을 것이다. 그러한 문제들에 대해 충분히 할 말이 있으며 그것들이 중요한 문제이긴 하지만, 내가 지금 말하고자 하는 것과는 다른 맥락에 속한 것이기 때문이다. 내 목적은 문명화한 사회에서 대부분의 사람들이 괴로워하는 평범하고 일상적인 불행에 대한 치유법을 제시하는 것이다. 여기에는 뚜렷한 외부적 원인이 없다. 따라서 사람들은 그 불행으로부터 벗어날 수 없을 것 같기에 더더욱 그것을 견디지 못한다. 나는 이런 불행이 잘못된 세계관과 잘못된 윤리와 잘못된 생활 습관 때문에 주로 생겨난다고 믿는다. 이것들은 인간과 동물을 막론하고 모든 행복의 궁극적 원천인 가능성의 세계를 향한 자연스러운 열정과 욕망을 파괴하게 된다. 하지만 이것들은 개인이 가진 역량의 범위 안에 있는 문제들이기도 하다. 그러므로 나는 한 개인이 평균적인 행운만 가진다면 스스로 행복을 성취할 수 있는 변화의 방법을 제시하고자 한다.

아마도 내가 옹호하고자 하는 철학을 가장 잘 보여주는 것은 나 자신의 이야기일 것이다. 나는 행복한 아이가 아니었다. 어릴 때 내가 제일 좋아했던 찬송가는 〈세상에 지치고 죄를 짊어진 채(Weary of Earth and Laden With My Sin)〉였다. 다섯 살이던 나는 이런 생각을 했다.

'만약에 내가 일흔 살까지 살아야 한다면, 지금껏 나는 고작 인생의 14분의 1만 살았을 뿐이니까 내 앞에 길게 펼쳐진 지루함을 도저히 견딜 수 없을 거야.'

사춘기 때는 삶을 혐오했고 지속적으로 자살의 유혹을 느꼈다. 하지만 수학을 좀더 알고 싶은 갈망 덕분에 그런 유혹을 억누를 수 있었다. 지금은 그와 반대로 삶을 즐기고 있다. 어쩌면 해가 갈수록 삶을 더욱 즐기게 된다는 말을 할 수 있을 것도 같다. 부분적으로 이것은 무척 갈망하던 것들이 무엇인지 스스로 발견했고 그것들 가운데 많은 것을 점차적으로 손에 넣었기 때문이다. 한편으로는 특정한 욕망의 대상들은 본질적으로 가질 수 없는 것이라고 치부하는 데 성공했기 때문이기도 하다. 어떤 것에 관한 의심할 수 없는 지식을 획득하겠다는 욕망 같은 것들이 여기에 해당된다. 하지만 삶에 대한 태도를 바꾸게 된 주된 원인은 나 자신에 대한 집착을 줄였기 때문이다. 청교도적 교육을 받은 다른 사람들처럼 나 역시 내가 저지른 죄와 어리석은 짓들, 내가 가진 단점들을 깊이 생각하는 습관이 있었다. 나는 스스로 의심할 여지없이 비참한 인간의 표본처럼 보였다. 하지만 나는 점진적으로 나 자신과 내 결점에 무관심해지는 법을 배우게 되었다. 세상사와 다양한 학문, 내가 애정을 느끼는 사람들 같은 외부의 대상들에 점점 더 주의를 기울이게 되었다. 외부 세계의 관심사들이 각각 그 나름의 고통을 안겨주는 것도 사실이다. 세상은 전쟁에 돌입할 수 있고, 어떤 방면의 지식은 획득하기 어려우며, 친구들은 죽을 수도 있다. 하지만 이런 종류의 고통은 나 자신에 대한 혐오에서 비롯된 고통과는 달리 삶의 본질을 파괴하지 않는다. 또 모든 외적인 관심사는 우리의 관심이 지속되는 한, 권태감을 완벽하게 예방하는 특정 활동을 하도록 부추긴다. 반대로 자기 자신에 대한 관심은 그 어떤 발전적인 활동으로도 이어지지 않는다. 그것이 일기를 쓰는 것이나 정신과 상담을 받는 것, 어쩌면 수도사가 되는 것으로 이어질 수는 있다. 그렇게 수도사가 된 사람은 수도원의 반복적인 일상생활 속에서 자아를 잊게 될 때 비로소 행복해진다. 결국 그 수도사가 종교 덕분이라고 생각하는 행복은, 만일 그가 청소부가 되어 그 직업을 계속 유지했다 하더라도 얻을 수 있었을 행복인 것이다. 외면적인 수행은 자기 자신에 대한 몰입이 지나쳐서 다른 방법으로는 치유할 수 없는 불운한 사람들이 행복으로 가는 유일한 길이다.

자기 자신에게 빠진 사람들은 다양한 유형이 있다. 그중에서 죄인, 자아도취에 빠진 사람, 과대망상에 빠진 사람이라는 세 가지 흔한 유형을 살펴보기로 하자.

내가 '죄인'에 대해 얘기할 때, 그것이 실제로 죄를 범한 사람을 의미하는 것은 아니다. 우리가 이 단어를 어떻게 정의하느냐에 따라 누구나 죄를 짓는다고 할 수도 있고, 아무도 죄를 짓지 않는다고 할 수도 있다. 내가 말하는 죄인이란 죄의식에 빠져 있는 사람이다. 이런 사람은 끊임없이 자기를 책망한다. 만일 그가 종교인이라면 그것을 신의 책망이라 해석한다. 그는 마땅히 그래야 한다고 생각하는 자아상을 가지고 있으며, 이것은 있는 그대로의 자신에 대한 지식과 계속해서 갈등을 일으킨다. 비록 그가 어머니의 무릎에 앉아서 배웠던 교훈들을 의식의 영역에서 오래전에 폐기했다 하더라도, 그의 죄책감은 무의식 속에 깊이 묻혀 있다가 취했을 때나 잠들었을 때에만 수면 위로 떠오른다. 이처럼 간헐적으로 나타나긴 하지만 그 죄책감은 모든 것을 시들하게 만들어버리기에 충분할 수 있다. 마음속 깊은 곳에서 그는 여전히 어린아이 때 배웠던 모든 금기들을 받아들이고 있기 때문이다. '욕하는 건 못된 짓이다, 술 마시는 건 못된 짓이다, 약삭빠르게 장사하는 건 못된 짓이다, 무엇보다 섹스는 못된 짓이다.' 물론 그는 이런 쾌락들 가운데 어떤 것도 삼가지는 않지만, 그 쾌락들 때문에 자신이 타락했다고 느끼는 그에게는 그것들 모두가 독이 든 사과인 셈이다.

그가 온 마음으로 갈망하는 유일한 쾌락은 어릴 때처럼 어머니의 따뜻한 애무를 받는 것이다. 이 쾌락을 더 이상 누릴 수 없기 때문에 그는 어떤 것도 중요하지 않다고 느낀다. 어차피 죄를 지어야만 한다면 철저하게 죄를 짓겠다고 마음먹는다. 사랑에 빠질 때 그는 어머니의 부드러운 손길을 갈구하지만 막상 그것을 받아들이지는 못한다. 마음속 깊이 새겨진 어머니의 이미지 때문에 성적인 관계를 갖는 어떤 여성에게도 존경심이 들지 않기 때문이다. 이윽고 그는 실망감 속에서 잔인해지고, 곧이어 자신의 그런 잔인함을 뉘우친다. 그리고 다시 상상 속에서 죄를 짓고 현실에서 반성하는 지루한 반복을 새롭게 시작하게 된다. 이것이 바로 겉으로는 비정해 보이지만 스스로 타락했다고 느끼는 많은 사람들의 심리이다. 그들을 방황하게 만드는 것은 어릴 때 어이없는 도덕률을 익혔다는 것, 그리고 도달할 수 없는 대상(어머니 혹은 어머니를 대체하는 존재)에 몰두한다는 것이다. 유년 시절에 고착된 믿음과 애정이라는 폭군으로부터 해방되는 것이 모성적 도덕의 희생자들이 행복의 길로 향하는 첫걸음이다.

자아도취는 어떤 의미에서 습관적인 죄책감과 정반대의 증상이다. 이것은 자기 자신을 찬양하는 습관과 타인들로부터 찬양받고 싶어 하는 습관으로 이루어져 있다. 물론 어느 정도의 자아도취는 정상적인 것이며 비난받을 일이 아니다. 그것이 과도하게 드러나는 경우에만 심각한 악이 된다. 많은 여성들, 특히 상류사회 여성들의 경우 사랑을 느끼는 능력이 완전히 고갈되어 모든 남자들이 자기를 사랑해야 한다는 욕망으로 대체된다. 이런 여성이 어떤 남자가 자기를 사랑한다고 확신하는 순간, 그 남자는 더 이상 쓸모가 없어진다. 이보다 드물긴 하지만 같은 일이 남성들에게도 일어난다. 이것의 고전적인 사례가 《위험한 관계(Les Liaisons Dangereuses, 프랑스혁명 직전 귀족들의 퇴폐적 연애 풍속을 탁월한 심리 분석으로 묘사한 소설)》의 주인공이다. 허영심이 이 정도에 이르면 타인에 대한 진정한 관심은 찾아볼 수 없고, 따라서 사랑을 통해 그 어떤 진정한 만족도 얻을 수 없다. 만일 자아도취에 빠진 사람이 다른 분야에 관심을 갖는다면 그 일은 훨씬 더 처참하게 망가진다. 예를 들어 대중이 위대한 화가들에게 보여주는 존경심에 마음이 동한 나머지 미술을 공부할 수도 있다. 하지만 그에게 그림이란 단지 목적을 달성하기 위한 수단에 불과한 것이기 때문에, 그림 그리는 테크닉은 아무런 재미가 없을 뿐만 아니라 자기 자신과 관련된 주제 외에는 눈에 들어오지도 않는다. 그 결과는 실패와 절망일 뿐이며 애초에 기대했던 찬사 대신 조롱만 받게 된다. 소설 속에서 늘 자기 자신을 주인공으로 삼아 이상화하는 소설가에게도 같은 일이 벌어진다.

　일에서 거두는 참된 성공은 모두 그 일과 관련된 내용에 대한 진정한 관심에 달렸다. 성공한 정치인들이 줄줄이 겪게 되는 비극은 자신이 대변하는 공동체와 정책에 대한 관심이 점점 자아도취로 대체되어 버린다는 것이다. 자기 자신에게만 관심이 있는 사람은 찬사를 보낼 만한 사람이 아니며 그럴 마음이 생기지도 않는다. 결국 세상에 대한 유일한 관심이 세상으로부터 찬사를 받는 데 있는 사람은 자신의 목표를 성취하기 어려운 것 같다. 설사 그가 성공한다 하더라도 완전히 행복해지지는 못할 것이다. 왜냐하면 인간의 본능이 전적으로 자기중심적이지는 않은 데다, 자아도취에 빠진 사람은 죄책감에 지배당하는 사람이 그러하듯 자기 자신을 인위적으로 제한하고 있기 때문이다. 원시인이 스스로 훌륭한 사냥꾼이란 점을 자랑스러워했을지는 모르지만 사냥감을 뒤쫓는 활동은 즐겼을 것이다. 어느 정도를 넘어선 허영심은 모든 활동 그 자체가 주는 즐거움을 말살함으로써 불가피하게 피곤함과 지루함으로 이어진다. 허영심은 자신감의 결핍에서 비롯된 경우가 많으며, 이를 치유하기 위해서는 자존감을 키워야 한다. 하지만 이런 자존감은 자기중심적이지 않은 관심사로부터 촉발된 활동이 성공을 거둘 때에만 획득할 수 있다.

과대망상에 빠진 사람은 매력적이기보다 강해지기를 바라고 사랑받기보다 두려움의 대상이 되기를 추구한다는 점에서 자아도취에 빠진 사람과 구별된다. 많은 정신병자들과 역사에 기록된 대부분의 위인들이 이런 유형에 속한다. 권력욕은 허영심과 마찬가지로 정상적인 인간 본성의 강력한 요소들 가운데 하나이며 일반적으로도 그렇게 받아들여진다. 단지 이것이 지나치게 발현되거나 현실감각이 떨어질 때에만 비난의 대상이 된다. 이런 일이 벌어지면 사람들은 불행해지거나 멍청해진다. 둘 다는 아니겠지만 말이다. 스스로 왕이라고 생각하는 정신병자가 어찌 보면 행복할 수도 있지만 그 행복은 정상적인 사람들이 부러워할 만한 것은 아니다. 알렉산더 대왕은 심리학적으로 그런 정신병자들과 다를 바 없었지만 정신병자의 꿈을 성취할 수 있는 재능은 가지고 있었다. 하지만 그는 자신의 꿈을 완전히 성취할 수 없었다. 많은 것을 성취할수록 그 꿈의 영역도 함께 커졌기 때문이다. 위대한 정복자로서 명성이 확고해지자 그는 스스로 신이라고 결론지었다. 과연 그는 행복한 사람이었을까? 그의 주벽(酒癖)과 격렬한 분노, 여성에 대한 무관심과 신을 자처했던 점을 살펴볼 때 그는 행복하지 않았던 것 같다. 인간의 본성을 이루는 요소들 중에서 다른 것들을 모두 희생시키고 어느 한 가지만 집중적으로 키울 때, 그 어떤 궁극적인 만족도 얻을 수 없다. 또 온 세상을 자신의 에고를 확장시키기 위한 재료로 간주할 때에도 궁극적인 만족은 불가능하다.

　병적이건 멀쩡해 보이건 과대망상은 일반적으로 과도한 모욕감에서 비롯된다. 학창 시절 무척이나 가난한 장학생이었던 나폴레옹은 부유한 귀족 집안 출신의 동급생들을 보며 열등감에 시달렸다. 훗날 망명 귀족들(émigrés, 프랑스 혁명 때 프랑스를 탈출한 뒤 망명지에서 혁명정부를 전복할 음모를 꾸몄던 귀족들)의 귀환을 허락했던 나폴레옹은 자기 앞에 머리를 조아리는 과거의 동급생들을 지켜보며 깊은 만족감에 젖어들었다. 그것은 이루 말할 수 없는 행복이었다. 하지만 이는 러시아 황제를 희생양으로 삼아 비슷한 만족을 얻겠다는 욕심으로 이어졌고, 결국 나폴레옹은 세인트헬레나 섬에 유폐되고 말았다. 그 누구도 전능할 수는 없기 때문에 권력욕에 전적으로 지배당하는 인생은 조만간 극복할 수 없는 장애에 부딪히게 마련이다. 어떤 식으로든 미치지 않고서야 이런 진실을 외면할 수는 없겠지만, 만일 누군가가 대단한 권력을 가졌다면 그 진실을 지적하는 이들을 투옥하거나 처형할 수 있다. 그러므로 정치적 의미의 억압과 정신분석적 의미의 억압은 함께 가는 것이다. 그리고 어떤 형태로든 정신분석적 억압이 뚜렷하게 가해지는 곳에는 진정한 행복이 존재할 수 없다. 적절한 한계 안에 있는 권력은 우리의 행복에 큰 도움을 줄 수 있지만, 그것이 인생의 유일한 목적이 된다면 우리를 파멸로 이끈다. 설사 외적인 파멸까지는 아니라 할지라도 내적인 파멸은 피할 수 없다.

　불행의 심리적 원인들이 많고 다양하다는 것은 분명하다. 하지만 그 모든 원인들은 공통점을 가지고 있다. 전형적으로 불행한 사람은 어린 시절 특정한 정상적인 만족을 박탈당했기 때문에 한 가지 만족에 대해 다른 만족들보다 더욱 큰 가치를 두게 된 사람이다. 그러므로 그 사람은 어떤 일의 과정에 필요한 활동이 아니라 그 성과만을 부당하게 강조하면서 자신의 인생을 한쪽 방향으로만 몰아간다. 한편, 여기서 더 나아갔으며 지금 시대에 아주 흔히 볼 수 있는 증상이 있다. 너무나 심하게 좌절한 나머지 오락과 망각 외에는 어떤 형태의 만족도 추구하지 않는 증상이다. 이 증상에 빠진 사람은 쾌락의 헌신적인 추종자가 된다. 다시 말하자면, 그는 자기 삶의 활력을 억누름으로써 그 삶을 견딜 만한 것으로 만들고자 한다. 예컨대 술에 만취하는 것은 일시적인 자살이다. 그것이 가져다주는 행복은 부정적일 뿐만 아니라 불행을 일시적으로 정지시킨 상태이다.

자아도취에 빠진 사람과 과대망상에 빠진 사람은 행복을 성취하기 위해 잘못된 수단을 택할 수도 있지만, 어쨌든 행복을 누리는 것이 가능하다고 믿는다. 하지만 어떤 형태가 되었건 중독을 추구하는 사람은 망각 이외의 희망은 포기해버린 것이다. 이런 사람의 경우 우리가 최우선적으로 해야 할 일은 행복이 열망할 만한 것이라는 점을 그에게 납득시키는 것이다. 마치 잠을 잘 못 잔 사람들이 그러하듯, 불행한 사람들은 자신이 불행하다는 사실을 늘 자랑스러워한다. 그들의 자부심은 이솝 우화에 나오는, 꼬리를 잃어버린 여우가 가졌던 자부심과도 같다. 그렇다면 그들의 불행을 치유하는 방법은 새로운 꼬리가 자라게 하는 법을 알려주는 것이다. 행복해지는 방법을 아는데도 일부러 불행을 선택할 사람은 극히 적으리라고 나는 믿는다. 그런 사람이 존재한다는 것을 부인하지는 않겠지만 그들의 숫자는 의미를 부여할 정도로 많지는 않다. 그러므로 나는 독자들이 불행하기보다는 행복하기를 바란다고 가정할 것이다. 이런 바람을 실현하는 데 내가 도움을 줄 수 있을지는 잘 모르겠지만, 어쨌든 이렇게 노력하는 것이 해를 끼치지는 않을 것이다.

,
아직도 행복은
가능한가

앞에서 불행한 사람들을 살펴봤으니 이제는 행복한 사람들을 살펴보는 즐거운 과제를 검토할 차례이다. 나는 몇몇 친구들과 대화를 나누고 그들이 쓴 책들을 읽어본 뒤, 현대 세계에서 행복을 누리기란 불가능해졌다는 결론을 내릴 뻔했다. 하지만 나는 깊은 성찰과 외국 여행, 그리고 우리 집 정원사와의 대화를 통해 이런 견해를 떨쳐버릴 수 있었다. 이 글에서는 내가 인생길을 걸어오는 도중에 마주쳤던 행복한 사람들에 관해 탐구해보고자 한다.

물론 그사이에 중간 단계들이 있긴 하지만 행복에는 두 가지 종류가 있다. 내가 말하는 두 가지는 단순한 행복과 복잡한 행복, 본능적인 행복과 정신적인 행복, 혹은 가슴의 행복과 머리의 행복으로 분류할 수 있을 것 같다. 물론 이 대안들 가운데 어느 쪽을 선택할 것인가 하는 문제는 따로 입증되어야 할 전제에 달려 있다. 하지만 지금은 어떤 전제를 입증하기보다 그것을 기술하는 데 초점을 맞출 것이다. 위에서 언급한 두 가지 행복들 사이의 차이점을 기술하는 가장 단순한 방식은, 하나가 모든 인간에게 가능성이 열려 있는 반면 다른 하나는 읽고 쓸 수 있는 사람들에게만 가능성이 열려 있다고 설명하는 것이다.

소년 시절 나는 마음속에 행복이 가득한 어떤 남자를 알고 지냈다. 우물을 파는 일을 했던 그는 엄청난 키와 무시무시한 근육의 소유자였다. 그는 글을 읽지도 쓰지도 못했다. 1885년에 국회의원 투표권을 갖게 되었을 때 그런 제도가 있다는 것을 처음 들었을 정도였다. 그의 행복은 지적인 원천에 기댄 것이 아니었다. 또 그의 행복은 자연 법칙이나 생물종의 완전성에 대한 믿음, 공공시설의 공적 소유나 제7일안식일예수재림교 교인들의 궁극적 승리에 대한 믿음, 혹은 지식인들이 인생을 즐기는 데 필요하다고 여기는 다른 어떤 신조들에 기반을 둔 것이 아니었다. 그것은 신체적인 활력과 충분한 일거리, 그리고 바위라는 형태로 나타나는 만만한 장애물들을 극복하는 데 기반을 두고 있었다. 우리 집 정원사의 행복이 그런 것이다. 그는 토끼들과 끝없는 전쟁을 수행하고 있다. 그는 런던 경찰국이 볼셰비키에 대해 하는 것과 똑같은 말을 한다. 토끼들이 음흉하고 야심적이며 흉포하다는 것이다. 그리고 그 녀석들과 똑같이 교활한 수단을 사용해야만 잡을 수 있다는 것이다. 마치 저녁에 잡아 죽이지만 다음날 아침이면 기적적으로 되살아나는 멧돼지를 사냥하느라 온종일을 보내는 발할라(Valhalla, 고대 스칸디나비아 신화에서 최고의 신인 오딘이 사는 곳)의 영웅들처럼, 우리 집 정원사는 다음날이면 자신의 적들이 사라질지도 모른다는 염려 따위는 전혀 하지 않은 채 그 녀석들을 죽일 수 있다. 일흔을 훌쩍 넘긴 나이에도 온종일 일을 하고 26킬로미터에 이르는 경사진 길을 자전거로 출퇴근하지만 그가 가진 기쁨의 샘은 마르지 않는다. '그놈의 토끼들'이 끊임없이 그 샘에 물을 공급해주기 때문이다.

하지만 누군가는 이런 단순한 즐거움이 우리처럼 우월한 사람들에게는 가능하지 않다고 말할 수도 있다. 토끼처럼 보잘것없는 미물과 전쟁을 치른다 해서 우리가 무슨 기쁨을 느낄 수 있단 말인가? 내 생각에 이것은 논리가 빈약한 주장이다. 황열병 병원균은 토끼보다 훨씬 작지만, 우월한 사람도 이것과 맞서 싸우는 가운데 행복을 찾을 수 있다. 적어도 감정적인 측면에서 우리 집 정원사가 누리는 것과 유사한 즐거움들은 최고의 교육을 받은 사람들에게도 그 문이 열려 있다. 교육으로 달라지는 점은 이런 즐거움들을 획득하는 활동의 형태뿐이다. 성취의 즐거움을 얻으려면 처음에는 성공이 의심스럽지만 끝내는 대체로 극복하게 되는 어려움들이 필수적이다. 아마도 이것이, 과도하지 않게 자신의 역량을 평가하는 것이 행복의 원천일 수 있는 주된 이유일 것이다. 자신을 과소평가하는 사람은 성공을 거둘 때마다 놀라는 반면, 자신을 과대평가하는 사람은 실패를 거둘 때 똑같이 놀라게 된다. 전자의 놀람은 즐겁지만 후자의 놀람은 불쾌하다. 그러므로 지나치게 겸손해서 모험을 시도하지 못할 정도가 아니라면 지나치게 자만하지 않는 것이 현명한 태도이다.

고등교육을 받은 사람들 중에서 오늘날 가장 행복한 이는 과학자들이다. 가장 탁월한 과학자들의 다수는 감정적으로 단순하며 자신의 일에서 깊은 만족을 얻기 때문에 식사나 결혼 생활에서조차 즐거움을 찾는다. 예술가들과 작가들은 불행한 결혼 생활이 필수적이라고 여기는 반면, 과학자들은 전통적인 가정의 행복을 누리는 경우가 상당히 많다. 이런 현상이 벌어지는 것은 과학자들이 가진 지성의 대부분이 그들의 일에 완전히 흡수되어, 그것이 수행할 역할이 없는 영역은 넘보지 않기 때문이다. 현대 세계에서 과학은 진취적이고 강력할뿐더러, 그 중요성을 자신들도 일반인들도 의심하지 않기 때문에 과학자들은 자신의 일 속에서 행복하다. 그러므로 그들은 복잡한 감정을 가질 필요가 없다. 단순한 감정일수록 장애물과 마주치지 않기 때문이다. 감정 속에 있는 복잡함은 강물 속 거품 같다. 그 거품은 부드러운 강물의 흐름을 깨는 장애물이 만드는 것이기 때문이다. 그러나 강물의 근원적인 흐름이 장애물에 방해받지 않는 한 수면에는 물결조차 일지 않기 때문에 부주의한 사람들의 눈에는 그 흐름이 지닌 힘이 분명하게 보이지 않는다.

행복해지기 위한 모든 조건들이 과학자의 삶 속에 구현되어 있다. 그는 자신의 능력을 완전히 이용할 수 있는 활동을 하며, 자기뿐만 아니라 그 활동의 가장 사소한 부분조차 이해하지 못하는 일반 대중의 눈에도 중요해 보이는 결과들을 성취한다. 이런 점에서 과학자는 예술가보다 행복하다. 대중은 어떤 그림이나 시를 이해하지 못할 때 그것이 나쁜 그림이고 나쁜 시라고 결론 내린다. 하지만 그들이 상대성이론을 이해하지 못할 때는 자신의 지식이 부족하다고 (타당하게도) 결론 내린다. 결과적으로 아인슈타인이 존경을 받는 반면 최고의 화가들은 다락방에서 굶주리며, 아인슈타인이 행복한 반면 화가들은 불행하다. 동료들 속에 틀어박혀 냉담한 외부 세계를 잊을 수 없는 한, 인류 대다수가 가진 회의적인 시각에 맞서 끊임없이 자기 주장을 펼쳐야 하는 삶 속에서 진정으로 행복할 수 있는 사람은 거의 없다.

과학자는 동료들을 제외한 모든 사람들이 자기를 좋게 생각해주는 까닭에 동료를 필요로 하지 않는다. 반대로 예술가는 경멸받는 것과 야비해지는 것 가운데 하나를 선택해야만 하는 고통스러운 상황에 처해 있다. 그가 최고의 능력을 가지고 있다 하더라도 이 두 가지 불운 가운데 하나를 피할 수는 없다. 만일 그가 자신의 능력을 사용한다면 경멸받게 될 것이고, 그러지 않는다면 야비해져야 한다. 이것이 언제나, 그리고 어디에서나 진실이었던 것은 아니다. 훌륭한 예술가들이라 할지라도, 심지어 그들이 젊었을 때조차 대중의 호감을 샀던 시대가 있었다. 비록 율리우스 2세가 미켈란젤로를 구박했을지는 몰라도, 그가 그림을 그릴 능력이 안 된다고 생각하지는 않았다. 하지만 현대의 백만장자들은 이미 능력을 잃어버린 늙은 예술가들이 돈벼락을 맞게 할 수는 있을지언정 그들의 일이 자신들의 일만큼 중요하다고는 상상조차 하지 않는다. 아마도 이런 여건이, 예술가들이 과학자들보다 평균적으로 덜 행복하다는 사실과 관련이 있는 것 같다.

서구 여러 나라의 가장 영리한 젊은이들이 자신의 재능에 맞는 일자리를 찾을 수 없어서 불행을 겪는다는 생각이 든다. 하지만 동구권 나라들에서는 사정이 다르다. 지금 현재 러시아의 지적인 젊은이들은 세계 그 어느 곳의 지적인 젊은이들보다 행복한 것 같다. 그들은 창조해야 할 새로운 세상과 그에 따른 열정적인 신념을 가지고 있다. 나이 든 사람들은 처형되거나 굶어 죽거나 추방되었다. 혹은 어떤 식으로든 제거되었다. 따라서 그들은 서구 각국에서처럼 젊은이들에게 사회에 해로운 일을 하거나 혹은 아무것도 하지 않는 두 가지 행동 방식 가운데 하나를 선택하도록 강요할 수 없다. 세련된 서구인들에게 젊은 러시아인들의 신념이 거칠어 보일 수도 있지만, 굳이 그 신념에 반대할 이유가 있을까? 그들은 새로운 세계를 창조하고 있으며 그 세계는 그들의 취향에 맞는 것이다. 그 세계가 실제로 구현되었을 때 평균적인 러시아인들은 혁명 이전보다 더 행복해질 것이 거의 확실하다. 서구의 세련된 지식인들이라면 그 세계에서 행복하지 않을 수도 있겠지만, 그들이 굳이 그곳에서 살아야 할 이유는 없는 것이다. 그러므로 어떤 실용적인 기준에서 보더라도 젊은 러시아인들의 신념은 정당화될 수 있으며, 이론적인 영역을 벗어나 그것을 거칠다고 비난하는 것은 아무런 정당성을 가질 수 없다.

인도와 중국과 일본에서는 정치적인 종류의 외부적 환경이 젊은 지식인들의 행복을 방해하고 있지만, 그곳에는 서구에 존재하는 것 같은 내적 장애물은 없다. 그곳에는 젊은이들에게 중요해 보이는 활동들이 있으며, 이런 활동들이 성공하기만 한다면 그들은 행복할 것이다. 그들은 국민들의 삶을 위해 자신들이 해야 할 중요한 역할과, 비록 어렵겠지만 실현이 불가능하지는 않은 목표들을 가지고 있다고 느낀다. 최고의 교육을 받은 서구 젊은이들에게서 매우 빈번하게 볼 수 있는 냉소주의는 안락함과 무력감이 결합한 데서 오는 것이다. 무력감은 사람들로 하여금 아무것도 할 만한 가치가 없다고 느끼게 하며, 안락함은 이런 느낌에서 오는 고통을 그저 견딜 만하게 만들어준다. 동구권 전역에서 대학생들은 대중의 여론에 대해 현대적인 서구에서보다 더 큰 영향력을 기대할 수 있지만, 상당한 수입을 확보할 수 있는 기회는 훨씬 적다. 그들은 무력하지도 안락하지도 않기에 냉소주의자가 아니라 개혁가나 혁명가가 된다. 개혁가나 혁명가의 행복은 사회문제의 향방에 달렸지만, 심지어 정치적인 이유로 처형당하는 순간에도 그들은 안락한 냉소주의자들에게는 허락되지 않는 진정한 행복을 누린다. 내가 재직하고 있던 학교를 방문한 어느 중국 젊은이가 떠오른다. 그는 중국에서도 반동적인 성향을 가진 지역에 우리 학교와 비슷한 학교를 설립하러 고향에 가던 길이었다. 학교를 설립하게 되면 사형을 당할 거라 예상하고 있었음에도 그 젊은이는 내가 부러워할 수밖에 없는 고요한 행복감을 즐기고 있었다.

그러나 이처럼 거창한 행복만이 유일한 행복이라고 말하고자 하는 것은 아니다. 사실상 그런 행복은 아주 드문 능력과 폭넓은 관심을 요구하기에 오직 소수에게만 그 가능성이 열려 있다. 유명한 과학자만이 일을 통해서 즐거움을 느낄 수 있는 것은 아니며, 지도적인 위치에 있는 정치인만이 명분을 옹호하는 가운데 즐거움을 느낄 수 있는 것은 아니다. 일의 즐거움은 특정한 전문 기술을 개발할 수 있는 사람이라면 누구에게나 열려 있다. 만인의 칭찬을 바라지 않고도 자신의 기술을 실행하는 데서 만족을 얻을 수만 있다면 말이다.

내가 아는 사람들 가운데 청소년기에 두 다리의 기능을 잃어버렸지만 긴 여생 동안 평온한 마음으로 행복을 누렸던 한 남자가 있었다. 그는 장미 잎 마름병에 관해 책을 다섯 권이나 씀으로써 그런 행복을 성취할 수 있었다. 나는 늘 그 분야에서는 그가 최고 전문가라고 알고 있었다. 내가 그리 많은 패류학자들을 사귀지는 못했지만 그들과 가까운 사람들을 통해 알게 된 것은 조개를 연구하는 일이 그 일에 매달리는 이들에게 만족감을 가져다준다는 사실이었다. 나는 한때 세계 최고의 식자공(植字工)이었던 사람을 알고 지냈다. 그는 예술적인 활자 제작에 종사하는 모든 사람들이 열렬히 찾을 정도로 대단한 장인이었다. 그는 가볍게 존경심을 표하지 않는 사람들이 자신에게 진정한 존경심을 품는 데서 기쁨을 얻었다기보다 자신의 기술을 발휘하는 데서 실질적인 기쁨을 얻었다. 그것은 훌륭한 춤꾼들이 춤에서 얻는 것과 크게 다르지 않은 기쁨이었다. 나는 또 수학 활자, 네스토리우스교(Nestorian Church, 콘스탄티노플 대주교였던 네스토리우스가 창시한 기독교의 한 교파. 그리스도가 가진 신성과 인성의 불일치를 주장하여 가톨릭교회로부터 이단시되었음. 그 교리는 페르시아를 거쳐 인도와 중국에까지 전파되었으며, 중국에서는 경교(景敎)라고 불린다)에서 사용하는 문자, 설형문자, 혹은 그 외에 일반적이지 않은 어려운 활자들을 식자하는 전문가들을 알고 지냈다. 그들의 사생활이 행복했는지는 알 수 없지만, 일하는 시간만큼은 그들의 생산적인 본능이 완전히 충족되었다.

지금 같은 기계 시대에는 예전에 장인들이 숙련된 작업에서 얻었던 즐거움의 여지가 줄어들었다고 흔히들 얘기한다. 나는 이 말이 맞지 않다고 생각한다. 오늘날 숙련된 노동자들이 중세 직공조합의 관심을 사로잡았던 것들과는 상당히 다른 것들에 몰두하고 있다는 것은 사실이다. 하지만 그들은 기계 경제 체제에서도 여전히 매우 중요하고 핵심적인 역할을 담당하고 있다. 거기에는 과학기자재와 정교한 기계를 만드는 사람들이 있고, 설계자와 항공기 기술자와 운전기사 들이 있으며, 그 밖에도 자신이 가진 기술을 거의 무한대로 발전시킬 수 있는 분야에서 일하는 수많은 사람들이 있다. 내가 관찰할 수 있었던 한, 비교적 원시적인 사회의 농업 노동자와 농민은 운전기사나 기차 기관사만큼 행복하지 못하다. 자기 소유의 땅을 경작하는 농민의 일이 다양하다는 것은 사실이다. 그는 땅을 갈고 씨를 뿌리고 열매를 수확한다. 하지만 그는 악천후에 속수무책이며 자신이 그것에 종속되어 있다는 것을 깊이 의식하고 있다. 반면 현대적인 기계 장치를 작동시키는 사람은 자신이 가진 힘을 의식하고 있으며, 인간이 자연의 노예가 아니라 주인이라는 감각을 획득하게 된다. 물론 단조로운 기계 조작을 계속 반복하는 대다수 단순 기계공들에게는 그 일이 무척 재미없는 일이라는 것도 사실이다. 하지만 그 일이 재미없어질수록 그것을 기계가 수행하게 될 가능성이 한층 더 커진다. 기계에 의한 생산 체제의 궁극적 목표(우리가 아직 여기에 많이 못 미치는 것이 사실이지만)는 기계가 재미없는 모든 것들을 담당하고 인간은 다양성과 창의성에 관련된 일에 종사하는 시스템이다. 그런 세계에서 노동은 농사의 도입 이래 그 어떤 시대보다 덜 지루하고 덜 우울할 것이다.

농사를 짓기 시작할 무렵 인류는 굶주림의 위험을 줄이기 위해 단조로움과 지루함에 굴복하기로 결심했다. 사람들이 사냥을 통해 식량을 얻었던 시절에는 노동이 즐거움이었다. 부유한 사람들이 지금도 이 오래된 직업을 오락으로 즐기고 있다는 사실을 보면 잘 알 수 있다. 하지만 농사의 도입과 더불어 인류는 그 후로 오랫동안 이어지는 비열함과 비참함과 광기의 시대에 진입했으며, 사람들은 지금에 와서야 기계의 친절한 작동을 통해 이러한 질곡으로부터 해방되고 있다. 감상주의자들이 대지와의 접촉에 관해, 그리고 토머스 하디(Thomas Hardy, 영국 남부 웨섹스 지방의 농촌을 배경으로 《귀향》,《테스》를 비롯한 여러 작품을 남긴 작가)의 소설에 나오는 철학적인 농민들의 성숙한 지혜에 관해 떠드는 것도 다 좋지만, 시골에 사는 모든 젊은이들이 품는 한 가지 욕망은 도시에서 일자리를 얻는 것이다. 도시에서는 바람과 날씨의 노예 상태, 그리고 어두운 겨울밤의 고독으로부터 벗어나 공장과 영화관의 아늑하고 인간적인 분위기에 휩쓸릴 수 있기 때문이다. 동료애와 협력은 평범한 사람들이 누리는 행복의 본질적인 요소들이며, 이는 농업에서보다 공업에서 더욱 넉넉하게 획득할 수 있다.

명분에 대한 신념은 대다수 사람들에게 행복의 원천이다. 이것은 혁명가나 사회주의자, 억압받는 나라들의 민족주의자 같은 이들만을 염두에 두고 하는 말이 아니다. 나는 좀더 소박한 많은 신념에도 이 말이 적용된다고 생각한다. 내 지인들 가운데 영국인이 이스라엘에서 사라진 10개 부족의 후손이라고 믿는 사람들은 거의 예외 없이 행복했다. 더구나 영국인이 에브라임과 므낫세 부족(고대 이스라엘의 12개 부족 가운데 10개 부족이 사라진 뒤 남은 두 부족)의 후손이라고 믿는 사람들의 지극한 행복은 이루 말할 수 없었다. 그렇다고 내가 독자들에게 이런 믿음을 받아들이라고 권하는 것은 아니다. 잘못된 믿음처럼 보이는 것에 토대를 둔 그 어떤 행복도 나는 옹호할 수 없기 때문이다. 똑같은 이유로, 인간이 견과류만 먹고 살아야 한다는 것을 믿으라고 독자들에게 강요할 수는 없다. 설사 이 믿음이 내가 관찰할 수 있는 한에서는 언제나 완벽한 행복을 보장해준다 하더라도 말이다. 하지만 전혀 공상적이지 않은 명분을 발견하는 것은 어려운 일이 아니다. 그런 명분에 대해 진지한 관심을 갖는 사람들은 여가를 선용할 수 있을뿐만 아니라, 인생이 허무하다는 느낌에 대한 완벽한 해독제를 얻게 된다.

어떤 취미에 몰두하는 것은 잘 알려지지 않은 명분에 헌신하는 것과 크게 다르지 않다. 생존한 유명 수학자들 가운데 한 사람은 자신의 시간을 수학과 우표 수집에 똑같이 배분하고 있다. 나는 그가 수학에서 별 진전을 이루지 못할 때 우표 수집에서 위안을 얻는다고 추측한다. 수학의 명제들을 증명하는 어려움이 우표 수집으로 달랠 수 있는 유일한 슬픔은 아니며, 우표라는 것이 그가 수집할 수 있는 유일한 물건은 아니다. 오래된 도자기, 담배상자, 로마시대 주화, 화살촉, 부싯돌 같은 것들을 생각할 때, 얼마나 광대한 열락의 장이 우리의 상상력 앞에 펼쳐질지 숙고해보라. 우리 대다수가 이처럼 단순한 즐거움에 빠지기에는 너무나 '우월한' 존재라는 것도 사실이다. 우리는 다들 유년 시절에 그것들을 경험한 적이 있지만, 어떤 이유에선지 그것들이 어른들에게는 어울리지 않는다고 생각해왔다. 이것은 완전히 잘못된 생각이다. 타인에게 아무런 해를 끼치지 않는다면 어떤 즐거움이라도 그 가치를 인정받아야 한다. 내 경우에는 강을 '수집'한다고 할 수 있다. 나는 볼가 강을 따라 내려갔다가 양쯔 강을 거슬러 올라오는 데서 즐거움을 얻었으며, 아마존 강이나 오리노코 강에 가보지 못한 것이 대단히 애통하다. 비록 이런 감정이 단순한 것이라 할지라도 나는 그것이 부끄럽지 않다. 혹은 야구팬의 열정적인 기쁨을 고려해보는 것은 어떨까? 그는 탐욕스럽게 신문을 읽고 라디오는 그에게 가장 숨 가쁜 스릴을 안겨준다. 야구 얘기를 하자니 미국 최고의 작가 중 한 사람을 처음 만났을 때가 떠오른다. 그가 쓴 책을 읽고 나서 나는 그 작가가 우수에 가득 찬 사람일 거라고 추측했다. 그런데 매우 중요한 야구 경기 결과가 라디오를 통해 흘러나오는 순간 그 일이 벌어졌다. 그는 자신이 응원하는 팀이 승리를 거두었다는 소식을 듣고 나라는 존재도, 문학도, 지상에서의 모든 슬픔도 잊어버린 채 환호성을 질렀다. 이 사건 이후 나는 그가 만들어낸 인물들의 불운에 우울한 기분을 느끼지 않으면서 그의 소설들을 읽을 수 있게 되었다.

그러나 도락과 취미는 많은 경우, 어쩌면 대부분의 경우에 근본적인 행복의 원천이 아니라 현실로부터 도피하는 수단이거나 직면하기 힘겨운 어떤 고통을 잠시 잊는 수단이다. 근본적인 행복은 그 무엇보다 인간과 사물에 대한 우호적인 관심에 달렸다.

사람들에 대한 우호적인 관심은 애정의 한 형태이지만, 이것이 탐욕과 소유욕에 사로잡혀 늘 상대방의 강렬한 반응을 추구하는 형태여서는 안 된다. 이런 형태의 애정은 불행의 원천이 되는 경우가 아주 흔하다. 행복을 가져다주는 애정은 사람들을 관찰하여 그들 각자의 기질 속에서 즐거움을 찾고자 하는 애정이다. 또 그것은 그들을 장악하거나 그들의 열렬한 찬사를 구하지 않으면서도 흥미와 즐거움의 기회를 주고자 하는 애정이다. 타인들에 대한 태도가 진정으로 이와 같은 사람은 그들이 행복해지는 계기를 제공할 것이며 그 보답으로 그들의 호의를 받을 것이다. 그가 다른 사람들과 맺는 다양한 관계는 그 자신의 흥미와 즐거움 모두를 충족시켜줄 것이다. 그는 타인의 배은망덕한 행위 때문에 언짢아할 일도 없다. 그런 일을 당하는 경우도 거의 없거니와, 혹시 그런 일을 당할 때에도 별로 개의치 않기 때문이다. 다른 사람이라면 격분할 정도로 신경에 거슬리는 특이한 성격도 그에게는 가벼운 재미의 원천이 될 것이다. 다른 사람이라면 오랜 분투 끝에 포기해버릴 결과들을 그는 별다른 노력 없이도 성취할 것이다. 그는 스스로 행복하기 때문에 유쾌한 동반자가 될 것이며, 이는 거꾸로 그의 행복을 증대시켜줄 것이다. 하지만 이 모든 것에는 진정성이 있어야 한다. 그것이 의무감에서 비롯된 자기희생의 관념에서 나와서는 안 된다. 의무감은 일을 할 때는 유용하지만 인간관계에서는 모욕적이다. 사람들이 바라는 것은 남들이 자기를 좋아해주는 것이지, 속으로 끙끙 앓으면서 자신의 존재를 억지로 견디는 것은 아니다. 많은 사람들을 자발적으로, 자연스럽게 좋아한다는 것은 아마도 개인적인 행복의 원천 가운데 가장 큰 것이 아닌가 싶다.

앞서 나는 사물에 대한 우호적인 관심도 언급했다. 이 말이 억지처럼 들릴 수도 있으며, 사물에 대해 우호적으로 느끼는 것이 불가능하다고 항변할 수도 있을 것이다. 그렇지만 지질학자가 암석에 대해 갖는 관심이나 고고학자가 유적에 대해 갖는 관심 속에는 사물에 대한 우호적인 태도와 유사한 어떤 것이 있으며, 이러한 관심은 개인이나 사회에 대한 우리의 태도를 구성하는 하나의 요소가 되어야 한다. 우리에게 우호적이기보다 오히려 적대적인 것들에 관심을 갖는 것도 가능하다. 거미를 혐오하는 사람이 거미가 적은 곳에서 살고 싶다는 이유로 거미의 서식지에 대한 정보들을 수집할 수도 있는 것이다. 이런 관심이 지질학자가 암석에서 얻는 것과 같은 만족을 제공하지는 않을 것이다. 그럼에도 비인격적 사물에 대한 관심은 매우 중요하다. 비록 그것이 일상의 행복을 구성하는 요소로서는 우리 옆에 있는 인간들에 대한 우호적 태도보다 가치가 덜할지는 모르겠지만 말이다.

세상은 광대하고 우리가 가진 힘은 제한되어 있다. 만일 우리의 모든 행복이 전적으로 개인적인 환경에 달렸다면, 우리가 인생에 대해 더 많은 것을 요구하지 않기란 어려운 일이다. 그러나 너무 많이 요구하는 것은 가능했던 것보다 훨씬 더 적은 것을 얻게 되는 확실한 방법이기도 하다. 예를 들어 트리엔트 공의회나 별들의 일대기에 대한 진정한 관심을 통해 걱정거리들을 잊을 수 있는 사람은 그런 비인격적 세계로의 여행에서 돌아올 때 자신의 걱정거리들을 가장 잘 다룰 수 있는 냉정함과 침착함을 얻게 될 것이며, 한편으로는 비록 일시적이지만 진정한 행복을 경험한 셈이 될 것이다.

요컨대 행복의 비결은 다음과 같다.

첫째, 가능한 한 폭넓은 관심을 가질 것.

둘째, 당신의 관심을 끄는 사물들과 사람들에게 적대적인 반응보다는 우호적인 반응을 보일 것.

행복에 이르는 길

 행복을 가치 없고 타락한 어떤 것이라고 매도하는 것은 진지한 도덕주의자들 사이에서 2천 년 이상 통용된 관습이었다. 스토아학파는 행복을 설파했던 에피쿠로스를 몇 세기 동안 공격했다. 그들은 에피쿠로스의 철학을 돼지의 철학이라고 비하했으며, 그에 관한 추악한 거짓말들을 지어냄으로써 자신들의 우월성을 과시했다. 그들 가운데 한 사람인 클레안테스(Cleanthes, 고대 그리스의 스토아학파 철학자)는 혁명적인 천문학 체계를 옹호했다는 죄목으로 아리스타르코스(Aristarchus, 고대 그리스의 천문학자)를 처형해 달라고 청원했다. 또 다른 스토아학파 철학자인 마르쿠스 아우렐리우스는 기독교인들을 처형했다. 가장 유명한 스토아학파 철학자들 가운데 한 사람인 세네카는 네로 황제의 만행들을 사주하고 엄청난 재산을 축적했으며, 터무니없는 이율로 보아디케아(Boadicea, 고대 영국에 거주했던 이케니 족의 여왕으로 로마 군대에 대한 반란을 이끌었다)에게 돈을 빌려줌으로써 그녀를 반란의 길로 몰아갔다. 고대에 벌어진 일만 꼽아도 이 정도이다.
 2천 년을 건너뛰면, 독일을 몰락의 길로 이끌었으며 전 세계를 지금의 위험한 상태로 몰고 온 형편없는 이론들을 만들어낸 독일 교수들과 마주치게 된다. 이 모든 학식 있는 사람들은 자신들이 모방했던 영국의 토머스 칼라일이 그랬던 것처럼 행복을 경멸했다. 칼라일은 우리가 신의 축복을 받으려면 인간적인 행복을 멀리해야 한다는 것을 지치지도 않고 설파했다. 그는 신의 축복을 다소 엉뚱한 곳에서 발견했다. 크롬웰의 아일랜드인 학살, 프리드리히 대왕이 감행한 피에 주린 배신, 에어 총독이 자메이카에서 자행한 잔인한 짓들이 신의 축복이었다는 것이다. 사실 행복에 대한 멸시는 대체로 타인의 행복에 대한 멸시이며, 인간에 대한 증오심을 숨기기 위한 우아한 가면이다. 어떤 사람이 고귀한 명분을 위해 진심으로 자기의 행복을 희생할 때조차 그는 자신보다 고귀함을 덜 추구하는 이들을 부러워하고 있을 공산이 크다. 그리고 이런 부러움이 스스로 성자라고 생각하는 사람들을 잔인하고 파괴적으로 만드는 경우가 너무나 흔하다. 우리 시대에 이런 사고방식을 보여주는 가장 중요한 사례는 공산주의자들이다.

우리가 어떻게 살아야 하는지에 대한 이론을 가지고 있는 사람들은 자연의 한계를 망각하기 쉽다. 만일 스스로 세워놓은 어떤 숭고한 목표를 위해 당신의 생활방식이 끊임없이 내면의 충동을 억누른다면, 그 목표는 그것이 요구하는 당신의 노력 때문에 점점 더 혐오스러워질 개연성이 있다. 정상적인 발산을 거부당한 충동은 아마도 다른 배출구를 찾을 것이다. 만일 당신이 자기 자신에게 조금이라도 쾌락을 허용한다면, 그것은 당신 삶의 주요한 흐름으로부터 분리되어 취한 채 떠들어대며 날뛸 것이다. 그러한 쾌락은 행복이 아니라 더욱 깊은 절망을 가져다줄 뿐이다.

행복은 추구한다고 얻을 수 있는 것이 아니라는 생각을 도덕주의자들에게서 흔히 발견할 수 있다. 이것은 우리가 행복을 현명하지 않게 추구할 때에만 맞는 말이다. 몬테카를로 카지노의 도박꾼들은 돈을 추구하지만 오히려 그들 대부분은 돈을 잃는다. 하지만 다른 방식으로 돈을 추구하여 성공하는 경우도 많다. 행복도 마찬가지다. 만일 음주라는 수단으로 행복을 추구한다면 당신은 다음날 아침에 찾아올 숙취를 잊고 있는 것이다. 에피쿠로스는 뜻이 맞는 동료들과 더불어 지내고 축제일에 약간의 치즈로 보충하는 것 말고는 마른 빵만을 먹음으로써 행복을 추구했다. 에피쿠로스의 경우에는 이 방법이 성공적이었다는 것이 입증되었다. 하지만 그가 병약한 사람이었던 점을 감안하면 대부분의 사람들은 좀 활기찬 방식을 원할 것이다. 다양한 방식으로 보완되지 않는다면 그들에게 행복의 추구는 너무 추상적이고 이론적이어서 개인적인 삶의 규칙으로 삼기엔 적합하지 않다. 하지만 나는 당신이 어떤 개인적인 삶의 규칙을 선택한다 하더라도, 보기 드문 영웅적인 길을 가는 경우가 아니라면 그것이 행복과 공존해야 한다고 생각한다.

건강이나 충분한 수입 같은 물질적인 행복의 조건들을 갖추었음에도 극도로 불행한 사람들이 대단히 많다. 특히 미국에서 그렇다. 이런 경우 잘못은 어떻게 살아야 하는가에 대한 그릇된 이론에 있는 것이 틀림없어 보인다. 어떤 의미에서는 어떻게 살아야 하는가에 대한 그 어떤 이론도 틀렸다고 말할 수 있다. 우리는 스스로 여느 인간들보다는 동물들과 더 많이 다르다고 상상한다. 동물들은 본능에 따라 살아간다. 외부적인 조건들이 우호적이기만 하다면 그들은 행복하다. 만일 당신이 고양이를 키우고 있다면 그 녀석이 먹이와 온기, 그리고 가끔 지붕 위에서 밤을 보낼 기회만 주어진다면 삶을 즐기리란 것을 잘 알 것이다. 당신의 욕구는 고양이의 욕구보다 복잡하지만 그것 또한 본능에 기초를 두고 있다. 문명화한 사회, 특히 영어를 사용하는 사회에서 이것은 너무나 망각하기 쉬운 사실이다. 사람들은 자기 자신에게 최고의 목표 한 가지를 제시하고는 그것에 부합하지 않는 모든 충동은 억누른다. 부유해지기를 너무나 갈망하는 사업가라면 이 목적을 위해 건강과 개인적인 애정을 희생할 수도 있다. 막상 부유해지고 나면 자신의 고귀한 사례를 본받으라고 다른 사람들을 들들 볶는 것 말고는 어떤 즐거움도 그에게 남아 있지 않다. 다수의 부유한 숙녀들은 문학이나 예술을 자발적으로 즐기는 천성을 타고나지 못했음에도 교양 있어 보이려고 유행하는 신간서적들에 관한 그럴싸한 한마디를 배우느라 지루한 시간을 보낸다. 책이란 칙칙한 속물근성을 충족시키는 기회를 제공하기 위해서가 아니라 독자들에게 기쁨을 주기 위해 쓰인 것이라는 생각이 그들에게는 떠오르지 않는다.

주변을 둘러보면 당신이 행복한 사람이라고 부를 수 있는 이들은 모두 특정한 것들을 공통적으로 가지고 있다는 것을 발견하게 된다. 이것들 가운데 가장 중요한 것은 대부분 그 자체로 즐거운 활동이다. 또 그것은 기쁜 마음으로 과정을 지켜보게 되는 어떤 것을 점진적으로 만들어가는 활동이다. 자녀들에게서 본능적인 즐거움을 찾는 여성들은(많은 여성들, 그중에서도 특히 교육받은 여성들은 그렇지 않지만) 자녀들을 양육하는 데서 이런 종류의 만족을 얻을 수 있다. 예술가들과 작가들과 과학자들은 자신이 만들어낸 것이 스스로 좋아 보일 때 이런 식의 행복을 얻는다. 세상에는 이보다 소박하지만 같은 즐거움을 주는 수많은 형태의 행복이 있다. 도시에서 일하는 많은 사람들은 주말 내내 자신의 정원에서 자발적이고 보수 없는 노동에 매달린다. 이윽고 봄이 오면 그들은 아름다운 것을 만들어냈을 때 느끼는 온갖 즐거움을 경험하게 된다.

활동을 하지 않고 행복해지는 것은 불가능하지만, 그 활동이 과도하거나 불쾌한 것이라면 역시 행복해지는 것은 불가능하다. 바람직한 목표를 명확하게 지향하면서 그 자체로 본능에 거슬리지 않는 활동이라야 즐거운 것이다. 완전히 탈진할 때까지 토끼를 뒤쫓는 개는 그 시간 내내 행복할 것이다. 만일 당신이 그 개를 쳇바퀴 위에 올려놓고 반 시간 뒤에 훌륭한 저녁 식사를 하게 해준다면 그 개는 식사를 할 때까지 행복하지 않을 것이다. 그 동안 그 개는 자연스러운 활동에 매달린 것이 아니기 때문이다. 우리 시대의 어려움들 가운데 하나는 복잡하고 현대적인 사회에서 우리가 해야 하는 일들 중에서 사냥처럼 자연스러운 일이 거의 없다는 점이다. 그 결과, 기술적으로 발전한 사회에 사는 대부분의 사람들은 생계를 위해 종사하는 일 밖에서 행복을 찾아야 한다. 만일 그 일이 사람을 기진맥진하게 만드는 것이라면 그들의 즐거움은 수동적인 경향을 띠게 된다. 축구 경기를 관람하거나 영화관에 가는 것은 그 후에 별 만족을 남기지 않을뿐더러 창조적 충동을 전혀 충족시키지 못한다. 하지만 실제로 몸을 움직이는 축구선수들의 만족감은 종류가 다르다.

이웃들에게 존경받고 싶다는 소망과 그들에게 경멸받을지도 모른다는 두려움은 사람들(특히 여자들)로 하여금 자발적인 충동에서 나오지 않은 행동을 하도록 몰아간다. 언제나 '정확한' 사람은 언제나, 혹은 거의 언제나 지루하다. 어머니들이 자녀들에게 인생의 즐거움을 억제하고 조용한 꼭두각시가 되라고 가르치는 장면을 지켜보는 것은 가슴 아프다. 그 어머니들은 자녀들이 부모가 열망하는 것보다 낮은 사회 계층에 속하는 것처럼 보이지 말라고 가르친다.

특권이든 권력이든, 아니면 둘 다든 사회적 성공을 추구하는 것은 경쟁이 치열한 사회에서 행복에 가장 방해가 되는 장애물이다. 그렇다고 성공이 행복의 한 구성 요소라는 것을 부인하고자 하는 것은 아니다. 어떤 사람들에게 그것은 매우 중요한 요소이다. 하지만 성공이 그 자체로 대부분의 사람들을 만족시키지는 않는다. 설혹 당신이 부유하고 존경받을 수도 있지만, 만일 친구와 관심사가 없고 자발적이면서도 무용한 즐거움이 없다면 비참할 것이다. 성공을 위해 사는 것은 이론에 따라 사는 삶의 한 가지이며, 이론에 따라 사는 모든 삶은 칙칙하고 건조하다.

건강하고 먹을 것이 충분한 사람이 행복해지려면 언뜻 적대적으로 보이는 두 가지가 필요하다. 먼저 중심이 되는 목적을 둘러싸고 있는 안정된 생활의 틀이 필요하다. 두 번째로 필요한 것은 '놀이'라고 부를 수 있는 것이다. 이것은 어떤 진지한 목표에 도움이 되기 때문이 아니라 그 자체가 재미있다는 이유만으로 하게 되는 것이다. 안정된 생활의 틀이란 예컨대 가정이나 일처럼 상당히 지속적인 충동들이 구체화한 것이어야 한다. 만일 가정이 끊임없이 혐오스러워지고 일이 한결같이 짜증난다면 그런 가정과 일은 더 이상 행복을 가져다줄 수 없다. 하지만 어쩌다 찾아오는 혐오감과 짜증은 지속적으로 느껴지지 않는 한 참고 견딜 만한 가치가 있다. 더구나 '놀이'의 기회를 잡을 수 있다면 혐오감과 짜증을 지속적으로 느낄 가능성은 크게 줄어든다.

내가 보기에 행복이라는 주제는 전체적으로 너무나 엄숙하게 다뤄져왔다. 인생에 관한 이론이나 종교가 없다면 인간은 행복할 수 없다고 생각돼왔다. 나쁜 이론 탓에 불행해진 사람들은 그 불행에서 벗어나려고 더 나은 이론을 필요로 할 수도 있다. 마치 당신이 아플 때 강장제가 필요한 것처럼 말이다. 하지만 모든 것이 정상적일 때 사람은 강장제 없이도 건강하고 이론 없이도 행복하다. 정말로 중요한 건 단순한 것들이다. 만일 어떤 사람이 아내와 자녀들에게서 기쁨을 누리고 일에서 성공을 거두며 밤과 낮, 봄과 가을의 변화 속에서 즐거움을 발견한다면 그가 가진 철학이 무엇이건 그는 행복할 것이다. 만일 그가 아내는 혐오스럽고 자녀들의 소음은 견딜 수 없으며 사무실은 악몽 같다고 느낀다면, 만일 그가 낮에는 밤을 갈망하고 밤에는 한낮의 빛이 없다며 탄식한다면, 그에게 필요한 것은 새로운 철학이 아니라 다른 식단이나 더 많은 운동 같은 새로운 생활 방식이다. 인간은 동물이다. 그러므로 인간의 행복은 생각하는 것보다 더 많이 생리적인 것에 달렸다. 소박한 결론이지만 나는 그것을 믿지 않을 수 없다. 불행한 사업가들이 철학을 바꾸기보다 매일 10킬로미터를 걸음으로써 행복을 더욱 키울 수 있다고 나는 확신한다. 우연히도 이것은 토머스 제퍼슨의 견해이기도 했다. 이런 관점에서 그는 사람들이 말을 타고 다니는 것을 개탄했다. 만약에 자동차의 출현을 예견할 수 있었다면 그는 말문이 막혔을 것이다.

়

훌륭한 삶이란 무엇인가

훌륭한 삶에 관해서는 각기 다른 시대와 사람들 사이에서 여러 개념들이 존재해왔다. 그 개념들 간의 차이에는 어느 정도 논쟁의 여지가 있었다. 주어진 목적을 성취하기 위한 수단에 관해 이견이 있을 때 논쟁은 현실화하였다. 어떤 이들은 감옥이 범죄를 방지하는 좋은 방법이라고 생각하는 반면, 교육이 더 나은 방법이라고 주장하는 이들도 있다. 이런 종류의 차이는 충분한 증거를 통해 판단할 수 있다. 하지만 어떤 차이는 이런 방식으로 검증할 수 없다. 톨스토이는 모든 전쟁을 비난했지만, 대의를 위해 전투를 수행하는 병사의 삶이 매우 고귀하다고 주장했던 사람들도 있다. 아마도 이 대목에서는 수단이 아니라 목적과 관련된 실질적인 차이가 있었을 것이다. 그런 병사에게 찬사를 보내는 사람들은 대체로 죄인에 대한 처벌이 그 자체로 좋은 것이라고 간주한다. 하지만 톨스토이는 그렇게 생각하지 않았다. 이러한 문제에서는 어떤 논쟁도 가능하지 않은 것이다. 그러므로 나는 훌륭한 삶에 관한 나의 견해가 옳다는 것을 입증할 수 없다. 단지 내 견해를 표명할 수 있을 뿐이며 가능한 한 많은 사람들이 동의해주기를 희망한다. 내 견해는 다음과 같다.

훌륭한 삶이란 사랑으로 힘을 얻고 지식으로 길잡이를 삼는 삶이다.

지식과 사랑은 둘 다 무한히 확장될 수 있다. 그러므로 어떤 삶이 아무리 훌륭하다 하더라도 우리는 그보다 나은 삶을 얼마든지 상상할 수 있다. 지식이 없는 사랑, 사랑이 없는 지식은 훌륭한 삶을 만들어낼 수 없다. 중세 시대 어느 지방에서 전염병이 창궐하면 성자들은 주민들에게 교회에 모여 신에게 구제를 비는 기도를 올리라고 권고했다. 그 결과, 신에게 탄원하기 위해 모인 사람들 사이에 비상한 속도로 전염병이 퍼져나갔다. 이것은 지식이 없는 사랑의 한 사례이다. 최근의 전쟁(1차 세계대전)은 사랑이 없는 지식의 사례를 제공했다. 어느 경우든 그 결과는 대규모의 죽음이었다.

사랑과 지식이 모두 필요하지만 어떤 의미에서는 사랑이 더욱 근본적이다. 왜냐하면 사랑은 지성적인 사람들이 자신이 사랑하는 이들에게 도움이 되는 방법을 찾느라 지식을 탐구하도록 이끌어주기 때문이다. 하지만 지성이 없는 사람들은 남의 말을 믿는 데 만족할 것이며, 지고지순한 자비심을 지녔음에도 타인들에게 해를 끼칠 수도 있다. 아마도 의학 분야에서 내가 말하고자 하는 것의 가장 좋은 사례를 찾아볼 수 있을 것이다. 환자에게는 유능한 외과의사가 가장 헌신적인 친구보다 더 큰 도움이 되며, 공동체의 보건을 위해서는 의학 지식의 발전이 무지몽매한 박애주의보다 더 많은 일을 한다. 그럼에도 과학적 발견을 통해 부자들만 이익을 보게 되지 않으려면 이 대목에서조차 자비심이라는 요소가 반드시 필요하다.

사랑이란 다양한 감정들을 포괄하는 단어이다. 내가 이 단어를 의도적으로 사용해온 것은 그 감정들을 모두 포함시키고 싶어서였다. 감정으로서의 사랑(이것이 내가 말하고자 하는 사랑이다. '당위로서의' 사랑은 내게는 진짜처럼 보이지 않기 때문이다)은 두 개의 극점 사이를 움직인다. 한쪽은 관조에서 얻는 순수한 즐거움이며 다른 한쪽은 순수한 자비심이다. 생명이 없는 대상들에 대한 사랑에는 즐거움만이 개재된다. 풍경이나 소나타 악곡에 대해 자비심을 느낄 수는 없기 때문이다. 아마도 이런 종류의 즐거움이 예술의 원천일 것이다. 대체로 이것은 실용적인 마음으로 대상을 보기 쉬운 성인들보다 어린아이들에게서 더욱 강하게 드러난다. 이것은 다른 인간들에 대한 우리의 감정에서도 큰 역할을 한다. 타인들을 순전히 미적 관조의 대상으로만 간주할 때, 그들 중 일부는 매력적으로 보이지만 또 다른 일부는 혐오감을 주기 때문이다.

사랑이 가진 또 하나의 극점은 순수한 자비심이다. 사람들은 나병 환자들을 돕기 위해 자신의 생명을 희생해왔다. 이런 경우 그들이 느꼈던 사랑에는 어떤 미적 즐거움의 요소도 있을 수 없다. 대체로 부모의 사랑에는 자녀들의 외모에서 느끼는 즐거움이 수반되지만, 이런 요소가 완전히 없을 때에도 그 사랑은 여전히 강하게 유지된다. 아픈 자녀에 대한 어머니의 사랑을 '자비심'이라고 부르면 이상하게 들릴 것이다. 왜냐하면 우리는 위선에 가까운 애매한 감정을 묘사할 때 이 단어를 사용하는 습관이 있기 때문이다. 하지만 '다른 사람의 행복을 향한 열망'을 묘사할 만한 다른 단어를 찾는 것도 어려운 일이다. 부모가 자식에게 품는 감정의 경우, 이런 종류의 열망은 무한정 강해질 수 있다. 그 밖의 경우에는 그 강도가 훨씬 못 미친다. 사실 모든 이타적인 감정은 부모들이 갖는 감정이 외부로 연장된 것이거나, 때로는 그것이 승화된 것처럼 보일 수 있다. 더 나은 단어를 찾을 수 없는 까닭에 나는 이 감정을 '자비심'이라 부르겠다. 하지만 나는 지금 원칙이 아니라 감정에 대해 얘기하고 있으며, 자비심이란 단어에 가끔 따라붙는 우월감의 뉘앙스는 일체 배제하려 한다는 점을 분명히 해두고 싶다. '동정심'이란 단어가 내가 말하고자 하는 바의 일부를 표현하고 있지만, 거기에는 내가 포함시키고 싶은 '행동'이라는 요소가 빠져 있는 것이 문제이다.

최고로 완전한 사랑은 관조에서 얻는 즐거움과 타인의 행복을 기원하는 선의라는 두 가지 요소가 분리될 수 없도록 결합된 것이다. 아름답고 성공한 자녀에게서 느끼는 부모의 즐거움은 이 두 가지가 결합된 것이다. 섹스를 기반으로 하는 사랑도 최선의 경우에는 그러하다. 하지만 성적인 사랑 속의 자비심은 사랑하는 두 사람이 서로를 확실히 소유할 때에만 존재하게 된다. 그렇지 않다면 질투심이 자비심을 파괴할 것이기 때문이다. 이 경우 자비심이 파괴된 만큼 관조에서 얻는 즐거움이 커질 수도 있다. 선의가 없는 즐거움은 잔인할 수 있으며, 즐거움이 없는 선의는 냉정해지고 일종의 우월감에 빠지기 쉽다. 사랑받기를 소망하는 사람은 이 두 가지 요소를 모두 포함하고 있는 사랑의 대상이 되고 싶어 한다. 여기서 예외는 유아나 중환자처럼 극단적으로 취약한 상황에 놓여 있는 경우이다. 이런 경우 그들이 갈망하는 것은 자비심뿐일 수 있다. 이와 반대로, 극단적으로 강한 힘을 가진 사람들은 자비심보다 자신에 대한 찬사를 더 열망한다. 이것이 바로 권력자나 유명한 미인들의 마음 상태이다.

우리는 타인의 도움을 필요로 하거나 타인의 해악 때문에 위험을 느끼는 정도에 비례하여 그들의 행복을 바랄 뿐이다. 이것이 최소한의 생물학적 상황 논리일 테지만 실제 인생에서는 그다지 들어맞지 않는다. 우리는 고독감에서 벗어나기 위해, 혹은 '이해받기' 위해 타인의 애정을 갈망한다. 이것은 단순히 자비심의 문제일 뿐만 아니라 동정심의 문제이기도 하다. 우리에게 만족스러운 애정을 주는 사람은 우리가 잘되기를 바랄 뿐만 아니라 우리의 행복이 어디에 놓여 있는지도 알아야 한다. 하지만 이것은 훌륭한 삶을 구성하는 또 다른 요소, 즉 지식에 속한 과제이다.

만일 우리가 완전한 세상에 산다면 지각이 있는 모든 존재는 서로서로에게, 즐거움과 자비심과 이해심이 섞여 한 덩어리가 된 충만한 사랑의 대상이 될 것이다. 하지만 실제 세상에서는 우리가 마주치는 모든 지각 있는 존재에 대해 그런 감정을 가지려고 노력해야 하는 일은 벌어지지 않는다. 우리에게 혐오감을 주기 때문에 즐거움을 느끼지 못하게 하는 사람들이 많다. 만일 우리가 그들에게서 아름다움을 보려고 노력함으로써 자기 자신의 천성에 폭력을 가한다면, 우리가 자연적으로 아름답다고 알고 있는 것들에 대한 감수성만 무뎌질 뿐이다. 인간은 두말할 나위도 없고 벼룩과 바퀴벌레 같은 미물들도 마찬가지다. 우리가 이런 생물들을 관조함으로써 즐거움을 얻으려면, 저 늙은 선원〔영국의 낭만주의 시인 콜리지가 지은 〈늙은 선원의 노래〉라는 시의 주인공. 천신만고를 겪으며 남극에서 적도까지 표류한 뒤, 신이 만든 모든 것을 사랑해야 한다고 가르친다〕만큼이나 심한 고생을 해야 한다. 실제로 어떤 성자들은 그것들을 '신의 진주'라고 부르기도 했지만, 정작 그 사람들이 즐겼던 것은 자신의 성스러움을 과시할 기회였다.

자비심을 폭넓게 확장시키는 것은 쉬운 일이지만, 그 자비심조차 한계가 있다. 한 숙녀와 결혼하기를 바라는 어떤 남자가 있다고 치자. 또 다른 누군가도 그녀와 결혼하고 싶어 한다는 걸 알게 된 그 남자가 그녀를 양보한다고 해서 우리가 그 남자를 더 좋게 생각할 수는 없다. 이것은 공정한 경쟁의 장으로 간주되어야 하기 때문이다. 뿐만 아니라, 연적에 대한 그 남자의 감정이 전적으로 자비로울 수는 없다. 나는 우리가 지상에서의 훌륭한 삶에 관해 어떤 논의를 할 때라도, 동물적 활력과 동물적 본능이라는 특정한 토대를 전제해야 한다고 생각한다. 이 토대가 없다면 우리네 인생은 재미가 없어진다. 문명이란 이것을 대체하는 것이 아니라 그 위에 덧씌워진 어떤 것이어야 한다. 금욕적인 성자와 고립되어 사는 성자는 이런 점에서 완전한 인간이 될 수 없다. 소수의 성자들은 공동체를 풍부하게 만들 수도 있지만, 성자들로만 이루어진 세상은 지겨워 죽을 지경일 것이다.

이런 생각들을 하다 보면, 최선의 사랑을 구성하는 한 가지 요소인 즐거움에 대해 어느 정도 강조하게 되는 지점에 이른다. 우리가 실제로 살아가는 이 세상에서 즐거움이란 불가피하게 선택적이어서, 우리가 모든 인류에게 똑같은 감정을 가질 수 없게 만든다. 즐거움과 자비심 사이에 충돌이 생기면, 그것은 어느 한쪽의 완전한 굴복이 아니라 둘 사이의 타협을 통해 해결되어야 한다. 본능은 나름의 권리를 갖고 있으며, 만일 우리가 그것에 대해 일정한 지점을 넘어서는 폭력을 가한다면 본능은 미묘한 방식으로 우리에게 복수한다. 그러므로 훌륭한 삶을 목표로 삼을 때에는 인간의 가능성이 갖는 한계들을 명심해야만 한다. 하지만 이 대목에서 우리는 지식이 필요한 지점으로 다시 돌아오게 된다.

훌륭한 삶의 한 구성 요소로서 지식을 이야기할 때, 나는 윤리적 지식이 아니라 과학적 지식과 특정한 사실들에 관한 지식을 염두에 두고 있다. 엄밀히 말하자면, 나는 윤리적 지식 같은 것은 존재하지 않는다고 생각한다. 만일 우리가 어떤 목적을 달성하고자 한다면 지식이 우리에게 그 수단을 제시할 수 있으며, 이런 지식은 느슨한 의미에서 윤리적 지식이라 부를 수도 있다. 하지만 나는 여전히, 어떤 행동이 낳을 수 있는 결과들을 감안하지 않고서는 그 행동이 옳고 그른지를 판단할 수 없다고 믿는다. 우리가 성취해야 할 목적을 정한 이후에는 과학이 그것을 성취할 방법을 발견하는 것이 문제가 된다. 모든 도덕률은 우리가 바라는 목적들을 실현할 수 있을지 여부에 따라 검증되어야 한다. 내가 말하는 것은 우리가 욕망하는 목표이지 우리가 욕망해야 하는 목표가 아니다. 우리가 욕망해야 하는 것은 다른 사람이 우리에게 욕망하기를 바라는 것에 지나지 않는다. 대체로 그것은 부모와 교사, 경찰과 판사처럼 권위를 가진 존재들이 우리에게 욕망하기를 바라는 것이다. 만일 당신이 나에게 '너는 이러저러한 것을 해야만 한다'고 말한다면, 당신의 발언이 지닌 동기 부여의 힘은 당신의 인정을 받기 위한 내 욕망, 그리고 당신의 인정 또는 비난에 수반된 보상이나 처벌을 받기 위한 내 욕망에 좌우된다.

모든 행동은 욕망에서 나오는 것이므로, 윤리적 개념들은 그것들이 우리의 욕망에 영향을 미치는 경우를 제외하면 아무런 중요성을 갖지 않는다. 윤리적 개념들은 인정을 받으려는 우리의 욕망과 비난을 피하려는 우리의 두려움을 통해 이런 작용을 한다. 이런 욕망과 두려움은 강력한 사회적 힘이므로, 어떤 사회적 목적을 실현하고자 할 때 우리는 자연적으로 이 두 가지를 우리 편으로 만들려고 노력한다. 어떤 행동의 도덕성은 그 결과에 따라 판단되어야 한다는 말은, 우리가 바라는 사회적 목적들을 실현할 것 같은 행동이 인정받고 그와 반대되는 행동이 비난받는 것을 보고 싶다는 뜻이다. 지금 현재로선 이것이 이루어지지 않았다. 아직도 특정한 전통적 규칙들에 따라 행동의 결과와는 별 상관 없이 인정과 비난이 할당되고 있기 때문이다.

이론적인 윤리의 과잉은 단순한 사례에서 명백하게 드러난다. 예를 들어 당신의 자녀가 아프다고 가정해보자. 사랑은 당신이 그 병을 치료해주고 싶게 만들고 과학은 당신에게 그 방법을 가르쳐준다. 윤리 이론에는 중간 단계가 없으므로 당신의 아이가 치료받는 게 좋겠다는 것은 자명하다. 당신의 행동은 수단에 대한 지식과 더불어, 목적을 위한 욕망으로부터 직접 일어난다. 이것은 좋든 나쁘든 모든 행동에 똑같이 적용된다. 다만 목적이 다르고 지식의 적합성이 다를 뿐이다. 하지만 사람들이 자신이 바라지 않는 일을 하게 만들 수 있는 방법은 전혀 없다. 한 가지 가능한 방법은, 사회적 승인과 비난의 힘을 담고 있는 보상과 처벌 체계를 이용하여 사람들의 욕망을 변경하는 것이다. 그러므로 내가 법률적 도덕주의자들에게 던지고 싶은 질문은 이런 것이다. 이런 보상과 처벌의 체계를 어떻게 배치해야만 입법 당국이 바라는 바를 최대한 확보할 수 있겠는가? 만일 내가 입법 당국이 나쁜 욕망을 가지고 있다고 말한다면, 이것은 그 욕망이 내가 속한 공동체 일부분의 욕망과 충돌한다는 것을 의미할 뿐이다. 인간의 욕망 바깥에는 어떤 도덕적 기준도 없는 것이다.

따라서 윤리와 과학을 구분하는 것은 어떤 특별한 지식이 아니라 욕망이다. 윤리의 영역에서 요구되는 지식은 그 밖의 영역에서 요구되는 것과 정확히 같은 지식이다. 한 가지 특별한 점이 있다면, 윤리의 영역에서는 특정한 목적들이 욕망의 대상이 되며 올바른 행동이 그 목적들에 공헌한다는 것이다. 물론 올바른 행동에 대한 정의가 폭넓은 호소력을 가지려면 그 목적들도 대다수 인류가 욕망할 만한 것이어야 한다. 만일 내가 올바른 행동을 내 수입을 증가시켜주는 것이라고 규정한다면 독자들은 동의하지 않을 것이다. 어떤 윤리적 주장의 전체적인 효과는 그것의 과학적인 부분에 달렸다. 즉 다른 행동들이 아닌 특정한 행동이 널리 욕망되는 목적을 실현하기 위한 수단이라는 증거를 제시할 수 있느냐에 달린 것이다.

이제 우리는 서두에서 언급했던 훌륭한 삶의 요지를 좀더 정확하게 설명할 수 있다. 훌륭한 삶이란 지식의 안내를 받는 사랑으로 이루어진다고 말했을 때 나를 촉발시킨 욕망은, 가능한 한 나 자신이 그런 삶을 살고 싶고 다른 사람들이 그렇게 사는 것을 보고 싶다는 것이었다. 그리고 그 말의 논리적 내용은 우리가 이런 방식으로 살고 있는 공동체에서, 사랑과 지식을 더 적게 가지고 있는 공동체에서보다 더 많은 욕망들이 충족되리라는 것이다. 나는 그러한 삶이 '고결하다'거나 그 반대의 삶이 '죄가 된다'고 말하는 것이 아니다. 왜냐하면 이 말들은 내게 아무런 과학적 정당성을 갖고 있지 않은 개념들이기 때문이다.

3부

종교

On Religion

나는 왜
기독교인이 아닌가*

회장님이 소개하신 대로 오늘 밤 제가 말씀드릴 주제는 '나는 왜 기독교인이 아닌가'입니다. 무엇보다 먼저, 사람들이 기독교인이란 말을 할 때 의미하는 바가 무엇인지를 규명해보는 것이 좋을 듯합니다. 요즘 대다수 사람들이 이 단어를 매우 느슨한 의미로 사용하고 있습니다. 어떤 사람들은 훌륭한 삶을 살고자 하는 이들을 지칭하는 데 이 단어를 씁니다. 그런 맥락이라면 세상의 모든 종교와 종파 속에 기독교인들이 있을 거라는 생각이 듭니다. 하지만 저는 이것이 그 단어의 올바른 의미가 아니라고 생각합니다. 기독교인이 아닌 모든 사람들, 즉 불교도나 유교도나 이슬람교도 등은 훌륭한 삶을 살기 위해 노력하고 있지 않다는 말처럼 들리기 때문입니다. 그래서 저는 기독교인이란 단어를, 자신의 믿음에 따라 고결하게 살려고 애

---

* 이 강연은 1927년 3월 6일 전국 비종교인협회 남부 런던 지부 회원들을 대상으로 배터시(Battersea) 지구의 공회당에서 행한 것이다. 같은 해에 소책자 형태로 출간되었으며, 이어서 1957년 종교를 주제로 한 다른 에세이들과 함께 단행본 《나는 왜 기독교인이 아닌가 (Why I Am Not a Christian and Other Essays on Religion and Related Subjects)》에 수록되어 명성을 얻게 되었다.

쓰는 누군가를 지칭하는 데 쓰지 않습니다. 저는 여러분이 일정 정도 확고한 믿음을 가지고 있어야만 스스로 기독교인이라 할 자격이 있다고 생각합니다. 지금 이 단어는 아우구스티누스나 토마스 아퀴나스의 시대에 그것이 가졌던 것과 같은 순수한 의미를 가지고 있지 않습니다. 당시에는 어떤 사람이 기독교인이라고 하면 말 그대로의 의미로 이해되었습니다. 그는 대단히 엄밀하게 정리된 교리 전체를 받아들였고, 자신이 전심전력을 다해 믿는 그 교리의 세세한 내용도 모두 받아들였습니다.

기독교인이란 누구인가

오늘날은 사정이 상당히 다릅니다. 기독교에 대해 말할 때 우리는 그 시절보다 조금은 더 모호한 태도를 취할 수밖에 없습니다. 하지만 저는 스스로 기독교인이라고 하는 그 누구에게든 상당히 본질적인 두 가지 요소가 있다고 생각합니다. 첫 번째 요소는 교리적인 본성을 지닌 것으로, 신(God, 우리말로 하나님이나 하느님으로 번역되는 기독교의 유일신 야훼)의 존재와 영혼의 불멸성을 믿어야 한다는 것입니다. 이를 믿지 않는다면 제대로 된 기독교인이라고 할 수 없다고 생각합니다. 그 다음 단계로는, 기독교인(Christian)이란 이름이 의미하듯 그리스도(Christ)에 대한 어떤 믿음을 가져야 합니다. 예컨대 이슬람교도도 신의 존재와 영혼의 불멸성을 믿지만 스스로 기독교인이라고 하지는 않습니다. 기독교인이라면 그리스도가 신적인 존재는 아니라 할지라도 최소한 인간들 가운데 가장 선하고 현명한 존재라는 믿음을 가져야 한다고 생각합니다. 만일 여러분이 그리스도에 대해 그만큼도 믿지 않는다면 스스로 기독교인이라고 할 권리가 없다고 생각합니다.

물론 전 세계 인구를 기독교인, 이슬람교도, 불교도, 물신숭배자 등으로 구분해놓은 휘태커 연감(Whitaker's Almanac, 세계 각국의 정치·경제·재정·인구·무역·일반 통계 등의 정보를 수록한 영국의 연감. 1868년 조셉 휘태커가 창간한 뒤 지금까지 출간되고 있음)과 지리책에서 찾아볼 수 있는 또 다른 맥락이 있습니다. 그에 따르면 우리는 모두 기독교인입니다. 지리책들은 우리 모두를 기독교인으로 집계하지만 그것은 순전히 지리학적 맥락에서이며 무시해도 좋을 것 같습니다. 그러므로 여러분에게 제가 기독교인이 아닌 이유를 말할 때 저는 두 가지를 언급해야 합니다. 첫 번째는 제가 신의 존재와 영혼의 불멸성을 믿지 않는 이유입니다. 두 번째는 그리스도가 도덕적으로 매우 훌륭했다는 점을 인정함에도, 그를 인간들 가운데 가장 선하고 현명한 존재라고 생각하지 않는 이유입니다.

과거 비신자(非信者)들이 기울였던 성공적인 노력이 없었더라면, 저는 기독교에 관해 이처럼 탄력적인 정의를 내릴 수 없을 것입니다. 앞서 말씀드렸듯, 옛날에는 기독교라는 단어가 훨씬 더 순수한 의미를 지니고 있었기 때문입니다. 예를 들자면 과거에 이 단어는 지옥에 대한 믿음을 포함하고 있었습니다. 영원한 지옥불에 대한 믿음은 상당히 최근까지도 기독교의 핵심적인 요소였습니다. 아시다시피 이 나라에서 그것은 더 이상 핵심적인 요소가 아닙니다. 이는 추밀원(The Privy Council, 영국 국왕의 자문기관. 한때 강력한 권한을 쥐고 있었지만 17세기 중엽 이후 사법 기능과 정치 기능을 대부분 상실함)에서 내린 결정 덕분인데, 캔터베리 대주교와 요크 대주교는 그 결정에 반대했습니다. 하지만 이 나라에서 종교에 관한 문제는 의회가 제정한 법령에 따라 결정됩니다. 따라서 추밀원은 대주교 각하들을 무시할 수 있었으며, 지옥은 더 이상 기독교인에게 필수적인 것이 아니게 되었습니다. 그러니 저도 굳이 기독교인이 지옥의 존재를 믿어야 한다고 주장할 생각은 없습니다.

신의 존재

막상 신의 존재라는 질문에 이르고 보니, 이것은 거대하고도 심각한 질문이로군요. 만일 이 질문을 제대로 다루고자 한다면 천년왕국[Kingdom, 그리스도가 재림하여 천년 동안 다스리게 된다는 이상향]이 도래할 때까지 여러분을 이 자리에 붙잡아둬야만 할 것입니다. 그러니 제가 이 문제를 다소 간략하게 다루더라도 양해해주시기 바랍니다. 여러분도 아시다시피 가톨릭교회는 신의 존재가 자율적 이성(unaided reason)으로 입증될 수 있다는 것을 교리로 정했습니다. 다소 기묘한 교리이긴 하지만 이것은 가톨릭의 여러 교리들 중 하나입니다. 그들이 이 교리를 도입해야만 했던 것은, 어느 시점에서 자유사상가들[free thinkers, 17~18세기 영국, 프랑스에서 종교적 비판에 가담한 사상가들] 사이에 신의 존재를 반박하는 이런저런 논리들이 있다고 말하는 풍조가 생겨났기 때문입니다. 물론 신앙의 차원에서는 그들도 신이 존재한다는 것을 인정했습니다. 하지만 그런 주장들과 논리들이 장황하게 펼쳐지자 가톨릭교회는 이를 중단시켜야 한다고 느꼈습니다. 이에 따라 가톨릭교회는 신의 존재가 자율적 이성으로 입증될 수 있다는 것을 교리로 정했으며, 신의 존재를 입증한다고 생각되는 논리들을 세워야 했습니다. 물론 거기에는 상당히 많은 논리들이 있지만 저는 그중 몇 개만 다루도록 하겠습니다.

제1원인론

아마도 가장 단순하고 이해하기 쉬운 것은 제1원인론일 것입니다. 이것은 우리가 이 세상에서 보는 모든 것은 원인이 있고, 그 원인들의 사슬을 점점 더 멀리 거슬러 올라가면 제1원인에 도달할 수밖에 없으며, 바로 그 제1원인에 신이라는 이름을 부여해야 한다는 주장입니다. 오늘날 이런 주장은 그다지 설득력이 없는 것 같습니다. 우선 원인이라는 개념의 위상이 과거와는 사뭇 다르기 때문입니다. 철학자들과 과학자들이 원인에 대해 탐구해 온 결과, 그것은 과거와 같은 활력을 더 이상 가지고 있지 않습니다. 이와는 별개로, 제1원인이 있어야만 한다는 주장이 어떤 타당성도 가질 수 없다는 것을 여러분은 알 수 있습니다. 사춘기 시절 이런 질문들에 대해 심각하게 숙고할 무렵, 저는 오랫동안 제1원인론을 받아들이고 있었다고 말씀드릴 수 있습니다. 열여덟 살 즈음의 어느 날, 마침내 저는 존 스튜어트 밀의 자서전을 읽다가 이런 문장을 발견했습니다.

"아버지는 '누가 나를 만들었는가?'라는 질문에는 대답할 수 없다고 가르쳐주셨다. 이것은 '누가 신을 만들었는가?'라는 추가적인 질문을 즉각적으로 불러오기 때문이라는 것이었다."

바로 이 단순한 문장이 제1원인론의 오류를 제게 알려주었고, 저는 여전히 그렇게 생각하고 있습니다. 만약 모든 것이 원인이 있다면 신 또한 원인이 있어야 합니다. 만약 원인이 없는 어떤 것이 존재할 수 있다면, 신만큼이나 이 세계도 그럴 수 있다는 것은 당연합니다. 그러므로 제1원인론은 어떤 타당성도 없는 것입니다. 이 논리는 세계에 대한 어느 인도인의 견해와 정확히 같은 성격을 가지고 있습니다. 그는 이 세계가 코끼리 위에 놓여 있고 그 코끼리는 거북 위에 놓여 있다고 설명했지만, "그럼 그 거북 밑에는?"이라는 질문에는 "주제를 바꾸는 게 좋겠소"라고 대답했다고 합니다. 제1원인론의 주장은 실제로 이와 다를 바 없는 것입니다. 이 세계가 원인 없이 생겨날 수 없었을 거라고 생각할 이유가 없습니다. 이 세계는 늘 그렇게 존재해왔다고 생각하면 안 될 이유 또한 없습니다. 이 세계가 하나의 출발점을 가지고 있다고 생각할 이유도 전혀 없습니다. 사물들이 반드시 출발점을 가져야 한다는 생각은 우리의 상상력이 참으로 빈곤하기 때문에 생겨난 것입니다. 그러므로 우리는 제1원인론에 관한 논의에 더 이상 시간을 낭비하지 않는 것이 좋을 듯합니다.

자연법칙에 따른 주장

그 다음으로는 자연법칙으로부터 이끌어낸 아주 흔한 주장이 있습니다. 이는 특히 아이작 뉴턴 경과 그가 정립한 우주론의 영향을 받았던 18세기 내내 선호되었던 논리입니다. 사람들은 중력의 법칙에 따라 행성들이 태양의 둘레를 도는 것을 관찰했으며, 그것은 신이 행성들에게 특정한 방식으로 움직이라는 명령을 내렸기 때문이라고 생각했습니다. 물론 이것은 중력의 법칙에 대한 설명들을 추가적으로 탐구하는 수고를 덜어준 편리하고도 단순한 설명입니다. 오늘날 우리는 아인슈타인이 소개했던 다소 복잡한 방식으로 중력의 법칙을 설명합니다. 그렇다고 제가 아인슈타인이 해석했던 중력의 법칙을 여러분께 강의하겠다는 건 아닙니다. 그 또한 상당한 시간이 걸릴 테니까요. 어쨌든, 아무도 그 이유는 이해할 수 없었지만 자연이 단일한 방식으로 움직인다고 설명했던 뉴턴적 사유 체계 속에서 사람들이 공유했던 것과 같은 자연법칙을 여러분은 더 이상 가지고 있지 않습니다. 지금 우리는 과거에 자연법칙이라고 생각했던 수많은 것들이 사실은 인간이 만들어낸 약속이라는 것을 알고 있습니다. 예컨대 우주의 가장 먼 곳에서조차 3피트는 1야드라는 것을 여러분은 잘 알고 있습니다. 이것은 의심할 바 없는 분명한 사실이지만 이를 자연법칙이라고 부르기는 어려울 것입니다. 여태까지 자연법칙이라 간주돼왔던 수많은 것들이 사실은 그런 종류의 인간적 약속입니다.

한편, 만약에 여러분이 원자들의 실제 움직임에 대한 지식을 파악할 수 있는 위치에 있다면 원자들이 생각보다 법칙에 훨씬 덜 종속되어 있다는 것을 알게 될 것입니다. 그리고 여러분이 발견하게 될 법칙들이 사실은 우연히 나타나는 원자 운동의 통계적 평균에 불과하다는 것도 알게 될 것입니다. 우리 모두가 알다시피, 주사위 두 개를 던지면 서른여섯 번 가운데 한 번꼴로만 둘 다 6이 나온다는 법칙이 있습니다. 하지만 우리는 그것을 주사위의 낙하 운동이 누군가의 계획(design)을 따른다는 증거로 간주하지는 않습니다. 이와 반대로, 주사위를 던질 때마다 둘 다 6이 나온다면 거기에는 모종의 계획이 있었다고 생각합니다. 대다수 자연법칙은 그런 것들이며, 확률의 법칙들로부터 나오는 것과 같은 통계적 평균입니다. 바로 이 때문에 자연법칙을 둘러싼 전체적인 양상이 과거보다 훨씬 덜 인상적으로 보입니다.

내일이면 변할 수도 있는 과학의 가변성을 반영한 이런 식의 논의와는 별개로, 자연법칙들 뒤에 그 법칙들을 부여하는 존재가 있다는 생각은 자연의 법칙과 인간의 법칙을 혼동한 데서 기인한 것입니다. 인간의 법칙은 우리에게 특정한 방식으로 행동하라고 지시하는 명령입니다. 그 속에서 우리는 행동하기를 선택하거나 행동하지 않기를 선택할 수 있습니다. 하지만 자연의 법칙은 사물들이 실제로 어떻게 움직이는지 기술한 것에 불과하므로, 사물들에 그렇게 하라고 지시한 누군가가 거기에 있어야 한다고 주장할 수 없습니다. 그런 존재가 있다고 생각하는 순간 '왜 신은 하필이면 그런 자연법칙들만 만들어내고 다른 법칙들은 만들어내지 않았는가?'라는 질문에 직면하기 때문입니다. 만일 여러분이 신은 아무 이유 없이 자신의 즐거움을 위해 그랬다고 말한다면, 그다음 순간 여러분은 법칙의 지배를 받지 않는 어떤 존재가 있다는 사실을 발견하게 됩니다. 따라서 자연법칙들의 연속성은 차단되고 마는 것입니다.

만일 여러분이 한층 완고한 신학자들이 주장하듯 신이 만들어낸 모든 법칙들 가운데 하필이면 특정한 법칙들만 우리에게 부여한 이유가 있었다고 말한다면, 그 이유는 물론 최선의 우주를 창조하기 위한 것이었겠지만 실제로 그 우주를 보면 결코 최선이 아니라고 생각하게 됩니다. 다시 말해 신이 부여한 법칙들에 모종의 이유가 있었다고 한다면, 결국 그것은 신도 스스로 법칙에 지배당했다는 말입니다. 따라서 여러분은 신을 자연법칙의 중재자로 끌어들임으로써 아무런 이점도 얻지 못하게 됩니다. 신의 명령보다 앞서고 그 외부에 있는 하나의 법칙이 존재하는 까닭에 신은 더 이상 여러분의 목적에 봉사하지 않는 것입니다. 이것은 신이 법칙을 부여하는 궁극적인 존재가 아니기 때문입니다. 요컨대 자연법칙에 관한 이 모든 주장들은 과거와 같은 힘을 더 이상 가지고 있지 않습니다.

그럼 계속해서 시간의 흐름을 따라가면서 그런 식의 주장들을 살펴보도록 하겠습니다. 신의 존재를 증명하기 위해 동원된 주장들은 시간이 지남에 따라 그 특성이 바뀌기 때문입니다. 초기에는 상당히 명확한 오류들을 포함하고 있는 어렵고 지적인 주장들이었습니다. 현대로 넘어오게 되면 그런 주장들이 지적으로는 보잘것없어지지만, 일종의 도덕적 모호함에 더욱 더 많은 영향을 받게 됩니다.

목적론적 주장

이 논의의 다음 단계는 우리를 신의 존재에 대한 목적론적 증명으로 이끌고 갑니다. 여러분은 모두 이 주장을 알고 있습니다. 그것은 이 세계의 모든 것이 우리가 그 속에서 어떻게든 살아갈 수 있도록 만들어졌으며, 만일 이 세계가 지금과 조금이라도 다르다면 우리는 그 속에서 살 수 없을 거라는 주장입니다. 이것이 바로 모든 것은 신의 계획에 따른 것이라는 목적론적 주장입니다. 때때로 이 주장은 다소 기묘한 형태를 띠기도 합니다. 예를 들어, 토끼가 흰 꼬리를 가지고 있는 것은 인간이 사냥하기 쉽도록 하기 위해서라는 주장이 있습니다. 토끼들이 이 주장을 어떻게 생각할지는 모르겠습니다만, 어쨌건 이것은 패러디하기 쉬운 주장입니다. 우리의 코는 안경을 걸치기 좋게 만들어진 것이 분명하다는 볼테르의 말을 여러분은 모두 알고 계실 것입니다. 이런 패러디는 18세기에는 엉뚱하게 들렸을지 모르지만 지금은 반드시 그렇지는 않은 것으로 밝혀졌습니다. 다윈의 시대 이후 우리는 생물들이 환경에 적응하는 이유에 대해 훨씬 잘 이해하고 있기 때문입니다. 환경이 생물들에게 적합하도록 만들어졌기 때문이 아니라 생물들이 환경에 적합하게 변화했기 때문이라는 것인데, 이것이 바로 적응의 기본 원리입니다. 여기에는 신의 계획에 관한 어떤 증거도 없습니다.

목적론적 주장을 들여다보게 되면, 사람들이 이 세계를 전지전능한 존재가 몇백만 년에 걸쳐 만들어낼 수 있었던 최선의 결과라고 믿는다는 사실이 매우 놀랍습니다. 이 세계에 그 모든 것들이 있음에도, 이 세계에 그 모든 결점들이 있음에도 말입니다. 정말로 저는 그렇게 믿을 수 없습니다. 만일 여러분만의 세계를 완성하기 위해 전지전능함과 몇백만 년의 시간이 주어진다면, 여러분은 고작 KKK단이나 파시스트들 정도밖에 만들 수 없다고 생각하십니까? 더 나아가, 만일 여러분이 일반적인 과학 법칙들을 받아들인다면 인간의 생명과 지구상의 모든 생명들이 때가 되면 멸종되리란 것도 상정해야만 합니다. 그것이 태양계가 쇠퇴하는 과정에서 도달하게 되는 한 단계이기 때문입니다. 일찍이 그러한 쇠퇴의 특정한 단계에 기온 등을 비롯하여 유기체의 생존에 적합한 조건이 형성되었고, 태양계 전체의 생애에 비춰보면 아주 짧은 시간 동안 생명이 존재하게 된 것입니다. 우리는 달에서 지구가 향해 가고 있는 운명을 미리 볼 수 있습니다. 죽어 있고 차가우며 생명이 없는 어떤 것 말입니다.

저는 이런 견해가 우리를 우울하게 만든다는 말을 듣습니다. 때때로 사람들은 그렇게 믿고서야 어떻게 살아가겠느냐고 말합니다. 그 말을 믿지 마십시오. 다 헛소리니까요. 아무도 몇백만 년 뒤에 벌어질 일을 크게 걱정하지 않습니다. 설사 그들이 그런 것에 대해 걱정을 많이 한다고 생각하더라도 그들은 자기 자신을 속이고 있는 것입니다. 그들은 훨씬 더 세속적인 뭔가를 걱정하고 있습니다. 그것은 소화불량 같은 것일 수도 있습니다. 하지만 그 누구도 몇백만 년 뒤 이 세상에 벌어질 그 무엇을 생각한다고 해서 진정으로 불행해지지는 않습니다. 물론 생명이 멸종할 거라고 생각하는 것이 우울한 견해이긴 하지만, 인간들이 자신들의 생명에 가하는 행태들을 가끔씩 숙고할 때, 생명의 멸종이라는 것이 저에겐 거의 위안으로 다가오기도 합니다만, 그것이 우리의 삶을 비참하게 만들 정도는 아닌 것입니다. 고작해야 우리의 관심을 다른 데로 돌리게 만들 뿐이죠.

도덕적 주장

이제 우리는 유신론자들이 자신들의 주장을 펴는 동안 만들어낸 지적 계보 속에서 한 단계 더 나아간 지점에 도달했습니다. 이른바 신의 존재에 대한 도덕적 증명이 바로 그것입니다. 과거에 신의 존재를 증명하기 위한 지적인 주장이 세 가지가 있었으며, 임마누엘 칸트가 《순수이성비판》에서 그 모두를 무력화했다는 사실을 여러분은 모두 당연히 알고 계실 것입니다. 하지만 칸트는 그런 주장들을 해체하자마자 '도덕적 증명'이라는 새로운 주장을 고안해냈고, 그것에 대해 상당한 확신을 갖게 되었습니다. 칸트도 다른 사람들과 마찬가지였습니다. 지적인 문제들에서는 회의론자였지만, 도덕적 문제들에서는 어린 시절 어머니 무릎에 앉아 흡수했던 가르침들을 맹목적으로 믿었던 것입니다. 이는 정신분석가들이 너무나 강조하는 어떤 지점을 잘 보여줍니다. 아주 어린 시절에 형성된 기억이 나중에 형성된 기억보다 엄청난 영향력을 미친다는 이론이 바로 그것입니다.

칸트는 신의 존재를 증명하기 위한 도덕적 논리를 고안해냈으며, 그것은 19세기 내내 다양한 형태로 엄청난 인기를 끌었습니다. 수많은 형태들 가운데 한 가지는, 만일 신이 존재하지 않는다면 세상에는 옳고 그름이 없을 거라는 논리입니다. 저는 여기서, 옳음과 그름 사이에 과연 차이가 있는지

없는지는 관심이 없습니다. 그것은 또 다른 질문이기 때문입니다. 제가 관심을 갖는 지점은, 만일 여러분이 옳음과 그름 사이에 차이가 있다고 확신한다면 바로 그 순간 여러분은 다음 같은 상황에 처해 있다는 것입니다. '그 차이는 신의 명령에 기인한 것인가, 아닌가?' 만일 그것이 신의 명령에 기인한 것이라면 신 자신에게는 옳음과 그름 사이에 아무런 차이가 없는 것이며, 따라서 신이 선하다고 말하는 것은 더 이상 의미 있는 진술이 아닙니다. 만일 여러분이 신학자들처럼 신이 선하다고 말하고자 한다면, 옳고 그름은 신의 명령에서 독립된 의미를 갖는다고 말해야만 합니다. 왜냐하면 신의 명령은 그가 옳고 그름을 만들었다는 사실과는 독립적으로 선하기 때문입니다. 만일 여러분이 이렇게 말하고자 한다면 옳고 그름이 생겨난 것은 신을 통해서만이 아니며, 그것들은 본질에서 신보다 논리적으로 앞선다고 말해야 합니다. 물론 여러분이 원한다면, 이 세상을 만든 신에게 명령을 내렸던 한층 더 우월한 신적인 존재가 있었다고 말할 수 있을 것입니다. 혹은 영지주의자들(gnostics)의 노선—매우 타당한 논리라고 저는 종종 생각합니다만—을 취할 수도 있을 것입니다. 우리가 알고 있는 이 세계가 사실은 신이 한눈을 파는 사이 악마가 만들었다는 이야기입니다. 이를 뒷받침할 수 있는 이유가 상당히 많으므로 저는 그것을 반박하는 데는 관심이 없습니다.

불의에 대한 보상

그다음으로는, 도덕적 주장의 또 다른 것으로 매우 기묘한 형태를 가진 것이 있습니다. 신의 존재는 이 세계에 정의를 가져오기 위해 필요한 것이라는 주장입니다. 우리가 알고 있는 이 세계에는 엄청난 불의가 있으며, 선량한 사람들이 고통을 겪고 사악한 사람들이 번창을 누리는 경우가 종종 있습니다. 이 두 가지 가운데 어느 편이 더 짜증나는 경우인지는 알기 어렵습니다. 만일 우주 전체에 정의를 세우고자 한다면, 이곳 지상에서 어긋난 삶의 균형을 바로잡아줄 미래의 삶을 상정해야 합니다. 그러므로 저들은 궁극적으로 정의가 존재하기 위해 신이 있어야 하며 천국과 지옥도 있어야 한다고 말합니다. 이것은 매우 기묘한 주장입니다. 만일 이 문제를 과학적 관점에서 본다면 여러분은 이렇게 말할 것입니다.

"결국 내가 아는 것은 이 세계뿐이다. 내가 우주의 나머지 부분은 모르지만, 확률적으로 말하자면 아마도 이 세계는 타당한 표본일 것이다. 만일 여기에 불의가 존재한다면 나머지 모든 곳에도 역시 불의가 존재할 공산이 크다고 주장할 수 있을 것이다."

여러분이 오렌지 한 상자를 가지고 있다고 가정해봅시다. 여러분은 제일 위에 있는 오렌지들이 모두 상한 것을 발견했는데도 이렇게 주장하지는 않을 것입니다.

"상자 안의 균형을 바로잡으려면 밑에 있는 오렌지들은 싱싱해야만 해."

오히려 이렇게 말할 것입니다.

"아마도 상자 안의 오렌지가 전부 상한 게로군."

이것이 바로 과학적인 사람이 우주에 관해 주장하게 될 내용입니다. 그 사람은 이렇게 말할 것입니다.

"나는 이 세계에서 엄청난 불의를 발견했다. 이를 확장해 보면, 그것은 정의가 우주 전체를 지배하지 않는다고 추정할 만한 이유가 된다. 따라서 그것은 신의 존재를 옹호하는 것이 아니라 신의 존재를 반박하는 도덕적 주장에 근거를 제공한다."

물론 저는 여태까지 여러분에게 말씀드린 것과 같은 지적인 주장들이 실제로 사람들의 마음을 움직이지는 못한다는 걸 알고 있습니다. 실제로 신을 믿도록 사람들의 마음을 움직이는 것은 결코 지적인 주장들이 아닙니다. 사람들은 대부분 유년 시절부터 신을 믿도록 배웠기 때문에 신을 믿으며, 그것이 주된 이유입니다.

저는 그다음으로 신을 믿는 강력한 이유가 안전에 대한 소망, 즉 나를 보살펴줄 큰형님이 있다는 것과 같은 느낌이라고 생각합니다. 이것은 신을 믿으려는 사람들의 욕구에 매우 심대한 영향을 미칩니다.

그리스도의 특성

이제 저는 합리주의자들이 충분히 다루지 않는 화제에 대해 몇 말씀 드리고자 합니다. 그것은 바로, 그리스도가 인간들 가운데 가장 선하고 가장 현명한 존재인가 하는 질문입니다. 이에 대해서는 우리 모두 동의해야 한다는 것이 일반적인 상식입니다. 하지만 저는 거기에 동의하지 않습니다. 저는 스스로 기독교인이라 공언하는 사람들보다 훨씬 더 크게 제가 그리스도에 동의하는 수많은 지점들이 있다고 생각합니다. 제가 줄곧 그와 함께 갈 수 있을지는 모르겠지만, 대부분의 자칭 기독교인들보다는 훨씬 더 멀리 그와 함께 갈 수 있을 것입니다. 그리스도가 "악한 사람에게 맞서지 마라. 누가 네 오른쪽 뺨을 치거든 왼쪽 뺨마저 돌려 대라"고 말한 것을 여러분은 기억할 것입니다. 이것은 새로운 계율이나 새로운 원칙이 아닙니다. 그리스도보다 500년이나 600년 전에 노자(老子)와 붓다(Buddha)가 가르친 내용이기 때문입니다. 아무튼 이것은 기독교인들이 실제로 받아들이는 원칙이 아닙니다. 예컨대 현직 수상(스탠리 볼드윈)이 매우 독실한 기독교인이지만, 제가 여러분 중 아무에게나 그의 뺨을 때리라고 조언해서는 안 되는 것입니다. 그가 이 말을 비유적인 의미로 받아들이리란 걸 여러분은 잘 알 거라 믿습니다.

그리스도가 탁월하다고 여겨지는 또 하나의 지점이 있습니다. 여러분은 그가 "너희가 심판을 받지 않으려거든 남을 심판하지 마라"고 말한 것을 기억하실 것입니다. 기독교 국가들의 법정에서 이 원칙은 별로 인기가 없었다는 걸 여러분이 잘 알 거라 생각합니다. 한때 저는 아주 성실한 기독교인 판사들을 꽤나 많이 알고 지냈습니다. 그들 가운데 그 누구도 자신의 직업활동 속에서 기독교의 원리에 반하여 행동하고 있다고 느끼지는 않았습니다. 또 그리스도는 이렇게 말합니다. "네게 달라는 사람에게는 주고, 네게 꾸려고 하는 사람을 물리치지 마라." 이것은 매우 훌륭한 원칙입니다. 아까 여러분의 회장님이 우리가 이곳에서 정치를 논하지는 않을 거라고 상기시켜 주셨지만, 저는 지난번 총선이 '네게 꾸려고 하는 사람을 물리치는' 것이 얼마나 바람직한가 하는 문제를 두고 싸운 한판 선거였다고 토로하지 않을 수 없습니다. 그래서 우리는 이 나라의 자유당과 보수당이 그리스도의 가르침에 동의하지 않는 사람들로 구성되어 있다고 가정할 수밖에 없는 것입니다. 당시에 그들이 서로에게 매우 단호하게 등을 돌렸던 것은 분명하기 때문입니다.

제가 생각하기에 의미심장한 그리스도의 가르침이 또 하나 있습니다만, 그것이 우리의 기독교인 친구들 사이에서 아주 인기가 있는 것 같지는 않습니다. "네게는 아직도 한 가지 부족한 것이 있다. 네가 가진 것을 다 팔아서 가난한 사람들에게 나눠주어라"는 가르침입니다. 이것은 매우 탁월한 가르침이긴 하지만 기독교인들 사이에서 많이 실천되고 있지는 않습니다. 비록 거기에 맞춰 살기가 조금 어렵다 하더라도 저는 이 모든 것들이 훌륭한 가르침들이라고 생각합니다. 제 자신이 거기에 맞춰 살아간다고 공언하지는 못하지만, 어쨌든 그 가르침들에 대한 저와 기독교인들의 관점이 같다고는 할 수 없을 것입니다.

그리스도의 가르침 속에 있는 결점들

이런 가르침들을 인정했으니 이제는 그리스도가 최고의 지혜, 최고의 선함을 지녔다는 복음서에 묘사된 인정하기 어려운 지점들에 대해서도 말씀드려야 할 때가 되었습니다. 이 대목에서 저는 그리스도와 관련된 역사적 질문에는 관심이 없다는 점을 밝혀야 할 것 같습니다. 역사적으로 볼 때 과연 그리스도가 실존했는지 여부조차 상당히 의심스러우며, 만일 그가 실존했다 하더라도 우리는 그런 그리스도에 대해 아무것도 알지 못합니다. 그래서 제가 역사적 질문에 관심이 없는 것일뿐더러 그것은 매우 어려운 질문이기도 합니다. 저는 복음서의 이야기를 있는 그대로 받아들이고 복음서에 등장하는 그대로의 그리스도에 집중하려 합니다. 이렇게 접근하다 보면 그리 현명해 보이지 않는 몇 가지가 눈에 들어옵니다. 그중 한 가지 예를 들면, 그리스도는 당시에 살아 있던 모든 사람들이 죽기 전에 영광의 구름에 둘러싸인 가운데 자신이 재림할 거라고 생각했던 것이 분명합니다. 이를 입증하는 텍스트는 수없이 많습니다. 예컨대 그리스도는 "너희가 이스라엘의 동네들을 다 다니지 못해서 인자(Son of Man, 그리스도가 자신을 지칭한 말)가 올 것이다"라고 했으며, 또 "여기에 서 있는 사람들 가운데 죽음을 맛보지 않고 살아서, 인자가 자기 왕권을 차지하고 오는 것을 볼 사람들도 있다"라고 말했습니다.

이것 말고도 그리스도가 당시 많은 사람들의 생전에 자신의 재림이 이루어질 거라고 믿었다는 것을 분명하게 보여주는 대목은 많습니다. 그것이 그리스도의 초기 추종자들이 가진 믿음이었으며 그리스도가 남긴 많은 도덕적 가르침의 토대였습니다. 그가 "내일 일을 걱정하지 마라"거나 이와 비슷한 말들을 한 것도, 자신의 재림이 매우 임박했으니 모든 일상적이고 세속적인 일들은 중요하지 않다고 생각했기 때문일 가능성이 큽니다. 실제로 저는 재림이 임박했다고 믿었던 몇몇 기독교인을 알고 있습니다. 그중 한 목사는 그리스도의 재림이 정말로 임박했다고 설교함으로써 신도들을 두려움에 떨게 했습니다. 하지만 그가 자신의 정원에 나무를 심는 광경을 목격하고 신도들은 크게 안도했습니다. 초기 기독교인들은 진심으로 그것을 믿었으며, 정원에 나무를 심는 일 같은 것도 삼갔습니다. 그들은 재림이 임박했다는 믿음을 그리스도에게서 직접 받아들였기 때문입니다. 그런 점에서 볼 때 그리스도가 몇몇 다른 현자들만큼 현명하지 못했던 것은 분명하며, 따라서 그가 인간들 가운데 최고로 현명한 존재가 아니었다는 것도 확실합니다.

도덕적 문제

이제 도덕적인 문제들에 관해 이야기할 때가 되었습니다. 제 생각에는 그리스도의 도덕적 특성에는 아주 심각한 한 가지 결점이 있는데, 그것은 그가 지옥의 존재를 믿었다는 것입니다. 진정으로 인간적인 사람이라면 영원한 벌을 믿을 수는 없다는 느낌이 듭니다. 복음서에 묘사된 그리스도는 분명히 영원한 벌을 믿었습니다. 우리는 자신의 설교를 경청하지 않으려는 사람들에 대한 복수심에서 나온 그리스도의 분노를 반복적으로 발견하게 됩니다. 설교자들에게는 드물지 않은 태도이긴 합니다만, 그리스도가 지닌 최고의 덕성을 다소 손상하는 대목입니다. 예컨대 소크라테스에게서는 그런 태도를 찾아볼 수 없습니다. 그는 자신의 말을 경청하지 않는 사람들에게 상당히 건조하고도 세련된 태도를 보였습니다. 그러는 편이 분노하는 것보다 훨씬 더 성자에 어울리는 태도인 것 같습니다. 아마도 여러분은 모두 소크라테스가 죽어가면서 했던 말들, 그리고 그가 자신에게 동의하지 않는 사람들에게 통상적으로 했던 말들을 기억할 것입니다.

우리는 복음서에서 그리스도가 이렇게 말하고 있는 것을 보게 됩니다.

"뱀들아, 독사의 자식들아, 너희가 어떻게 지옥의 심판을 피하겠느냐?"

이것은 자신의 설교를 좋아하지 않는 사람들에게 했던 말입니다. 제가 보기에 이것은 최선의 말투는 아닙니다. 복음서에는 지옥과 관련된 이 같은 말들이 수없이 나옵니다. 물론 성령을 거역한 죄에 관한 이런 유명한 말도 있습니다.

"성령을 거역하여 말하는 사람은 이 세상에서도 오는 세상에서도 용서받지 못할 것이다."

이 텍스트는 이루 말할 수 없을 정도의 고통을 세상에 초래했습니다. 모든 사람들은 스스로 성령을 거역하는 죄를 범했다고 상상했으며, 따라서 이승에서든 내세에서든 성령이 자신을 용서하지 않으리라고 생각했기 때문입니다. 자신의 본성 안에 적당한 정도의 호의를 가지고 있는 사람이라면 결코 이런 종류의 공포와 눈물을 이 세상에 안겨주지는 않았을 거라고 생각됩니다.

그리고 그리스도는 말합니다.

"인자가 천사들을 보낼 터인데, 그들은 죄짓게 하는 자들과 불법한 일을 하는 자들을 모조리 그 나라에서 모아다가 불아궁 속에 던질 것이다. 그러면 그들은 거기에서 울며 이를 갈 것이다."

그는 계속해서 '울며 이를 가는' 것에 관해 말합니다. 이 표현은 여러 곳에서 반복적으로 나옵니다. 복음서의 독자들은 '울며 이를 가는'이란 말을 깊이 새기는 가운데 모종의 즐거움을 느끼는 것이 분명합니다. 그렇지 않다면 이 표현이 그토록 자주 등장하지는 않을 것입니다.

물론 여러분은 양과 염소에 관한 이야기도 기억하실 것입니다. 그리스도가 재림하게 되면 어떻게 염소들에게서 양들을 분리할 것인가 하는 이야기 말입니다. 그는 염소들에게 이렇게 말할 것입니다.

"저주받은 자들아, 내게서 떠나 영원한 불 속으로 들어가라."

그는 이어서 말합니다.

"또한 이들은 영원한 불 속으로 사라지리라."

그리고 다시 반복합니다.

"네 손이 너를 죄짓게 하거든 그것을 찍어버려라. 네가 두 손을 가지고 지옥으로, 그 꺼지지 않는 불 속에 들어가는 것보다 차라리 불구자로 생명에 들어가는 것이 낫다. 지옥에서는 그들을 파먹을 구더기도 죽지 않고, 불도 꺼지지 않는다."

그는 여러 차례 이 말을 반복합니다. 저는 지옥불이 죄에 따른 벌이라는 이 모든 교리가 잔인하다고 생각할 수밖에 없습니다. 그것은 세상에 잔인함을 가져오고 여러 세대에 걸쳐 세상에 잔인한 고문을 가했던 교리입니다. 만일 여러분이 그리스도의 행적을 기록한 이들이 기술한 그대로를 받아들일 수 있다면, 복음서의 그리스도는 분명히 그런 교리에 대해 부분적으로 책임이 있다고 간주해야 할 것입니다.

이보다 덜 중요하긴 하지만 다른 문제들도 있습니다. 거라사의 돼지〔Gadarene swine, 미친 거라사 사람에게서 나가라는 명령을 들은 귀신들이 예수의 허락을 받고 근처에 있던 돼지들 속으로 들어갔는데, 그 돼지들이 비탈을 질주하여 갈릴리 바다에 빠져 죽었다는 〈누가복음〉 8장의 이야기에서 유래〕같은 사례가 그것입니다. 돼지들이 귀신 들리게 하여 비탈길을 달려 바다로 뛰어들게 만든 것은, 그 돼지들 입장에서 볼 때 그다지 친절한 처사가 아닌 것이 분명합니다. 여러분은 그리스도가 전능하다는 것을 기억해야 합니다. 그렇다면 그는 귀신들이 그냥 떠나가게 만들 수도 있었을 것입니다. 하지만 그는 귀신들을 돼지들 속으로 보냈습니다. 이뿐만 아닙니다. 무화과나무에 관한 기이한 이야기도 있습니다. 이것은 늘 저를 얼마간 혼란스럽게 만드는 이야기이기도 합니다. 여러분은 이 무화과나무에 어떤 일이 벌어졌는지도 기억하실 것입니다.

"예수께서는 시장하셨다. 멀리서 잎이 무성한 무화과나무를 보시고 혹시 그 나무에 열매가 있을까 하여 가까이 가서 보셨는데 잎사귀밖에는 아무것도 없었다. 무화과의 때가 아니었기 때문이다. 예수께서 그 나무에게 '이제부터 영원히, 네게서 열매를 따먹을 사람이 없을 것이다' 하고 말씀하셨다… 그래서 베드로가 전날 일이 생각나서 예수께 말하였다. '랍비님, 저것 좀 보십시오, 선생님이 저주하신 저 무화과나무가 말라버렸습니다.'"

이것은 참으로 기이한 이야기입니다. 그때는 무화과가 나올 철이 아니었으므로 그 나무를 비난할 수는 없는 일이었기 때문입니다. 지혜라는 측면에서든 덕성이라는 측면에서든, 저는 그리스도가 역사상 알려진 몇몇 다른 성자들만큼 높은 지위에 서 있다고 느낄 수가 없습니다. 그런 면에서는 그리스도보다 붓다와 소크라테스를 더 높이 평가해야 한다고 생각합니다.

정서적 요소

앞서 말씀드린 것처럼, 저는 사람들이 종교를 받아들이는 진정한 이유는 이성적인 논리와 아무런 상관이 없다고 생각합니다. 그들은 정서적인 토대 위에서 종교를 받아들입니다. 우리는 종교를 공격하는 것이 매우 잘못된 것이라는 말을 종종 듣습니다. 종교가 사람들을 도덕적으로 만들기 때문이라는 거죠. 저도 같은 말을 듣습니다만 그런 현상을 목격한 적은 없습니다. 물론 여러분은 새뮤얼 버틀러의 책 《에레혼 재방문》(Erewhon Revisited, 모든 것이 영국과 반대인 에레혼(nowhere의 철자를 뒤집은 말) 땅을 무대로 19세기 영국 사회를 풍자한 소설인 《에레혼》의 속편)에 나온, 그런 주장에 대한 패러디를 아실 것입니다. 이 소설의 전편인 《에레혼》에서는 힉스라는 이름을 가진 사람이 먼 나라에 도착하여 그곳에서 어느 정도 시간을 보내고 난 뒤 기구를 타고 그 나라를 탈출하게 됩니다. 20년 뒤 그 나라로 다시 간 힉스는 과거에 하늘로 올라갔던 자신을 '태양의 아들'이라는 이름으로 숭배하는 새로운 종교를 목격하게 됩니다. '승천 축제'가 열릴 무렵 그는 행키와 팽키라는 이름의 교수들이 서로에게 하는 말을 듣습니다. 힉스라는 사람을 본 적이 없으며 앞으로도 보지 않기를 바란다는 내용이었죠. 하지만 두 사람은 '태양의 아들'

이라는 종교의 고위 사제들이었습니다. 힉스는 매우 분개해서 그들에게 다가가 말했습니다.

"나는 이 모든 협잡을 폭로할 것이오. 그리고 에레혼 사람들에게 태양의 아들이 바로 나, 힉스라는 사람이고, 내가 기구를 타고 하늘로 올라갔던 것이라고 말하겠소."

그들이 대답했습니다.

"그러시면 안 됩니다. 이 나라의 모든 도덕이 이 신화와 결부되어 있기 때문입니다. 만일 당신이 하늘로 올라간 게 아니란 걸 알게 된다면 그들은 모두 사악해질 것입니다."

힉스는 결국 그 말에 설득당해 조용히 사라졌습니다.

이것은 앞서 말씀드린 주장과 같은 발상에서 나온 이야기입니다. 만일 기독교를 고수하지 않는다면 우리 모두가 사악해진다는 것이죠. 제가 보기에는 기독교를 고수했던 사람들이 대체로 극히 사악했던 것 같습니다. 여러분은 다음과 같은 기묘한 사실을 알고 있습니다. 어느 시대건 종교가 강고해지고 독단적인 신앙이 깊어질수록 그 사회의 잔인성은 더욱 커졌고 상황은 한층 악화되었습니다. 사람들이 최고조에 이른 기독교를 진심으로 믿었던 이른바 신앙의 시대에는 특유의 고문을 동반한 종교재판이 있었습니다. 마녀로 몰려 화형을 당한 몇백만 여성들이 있었습니다. 그리고 종교라는 이름 아래 모든 계층에게 가해진 온갖 종류의 잔인한 행위들이 있었습니다.

이 세계를 둘러보면 인간적인 감정의 영역에서 이루어진 모든 진보, 형법의 영역에서 이루어진 모든 개선, 전쟁의 축소를 향한 모든 시도, 유색인 종들의 향상된 처우를 향한 모든 발걸음, 노예제 완화를 위한 모든 노력, 그리고 이 세계에서 있었던 모든 도덕적 진보는 끊임없이 전 세계의 조직화한 교회들의 반대에 부딪혔다는 것을 알게 됩니다. 저는 상당히 신중하게 다음과 같이 말씀드립니다. 교회라는 형태로 조직화한 기독교는 여태까지 이 세계의 도덕적 진보에 맞서는 주적이었으며, 지금도 여전히 그러하다는 것을 말입니다.

교회는 어떻게 진보를 지체해 왔는가

여러분은 상황이 여전히 그러하다는 제 말이 지나치다고 생각하실 수도 있습니다. 하지만 저는 그렇게 생각하지 않습니다. 한 가지 사실을 예로 들어 보겠습니다. 제가 이제 그것을 언급하더라도 참고 들어주시기 바랍니다. 유쾌한 사실은 아닙니다만, 교회는 우리에게 유쾌하지 않은 사실을 언급하도록 강요합니다. 오늘날 우리가 살고 있는 이 세상에서 한 순진한 처녀가 매독에 걸린 남자와 결혼했다고 가정해보겠습니다. 이 경우 가톨릭교회는 이렇게 말합니다.

"이것은 인력으로 갈라놓을 수 없는 신성한 결혼입니다. 당신들은 영원히 함께해야 합니다."

그리고 그 여인은 매독에 감염된 자녀의 출산을 방지하기 위한 어떤 조치도 하면 안 됩니다. 이것이 가톨릭교회가 하는 말인데 저는 이것을 사악한 잔인함이라고 말합니다. 타고난 동정심이 독단으로 왜곡되지 않은 누구라도, 혹은 도덕적 본성이 타인의 고통에 대해 완전히 마비되지 않은 누구라도 그 여인이 처한 상황이 지속되는 것이 올바르고 적절하다고 주장할 수는 없을 것입니다.

이것은 하나의 사례에 불과합니다. 지금 이 순간에도, 교회가 스스로 규정한 도덕을 고집하면서 온갖 부류의 사람들에게 부당하고 불필요한 고통을 주고 있습니다. 또 우리가 알고 있는 것처럼, 상당수 교회가 이 세계의 고통을 경감하려는 모든 방면에서 여전히 진보와 발전에 적이 되고 있습니다. 왜냐하면 교회는 인간의 행복과 아무 상관없는 편협한 행동의 규칙들에 도덕이라는 꼬리표를 달기로 선택했기 때문입니다. 여러분이 인간의 행복을 위해 이런저런 일을 해야 한다고 말하면, 저들은 그것이 문제의 본질과는 아무 상관이 없다고 생각합니다. '인간의 행복이 도덕과 무슨 상관이 있는가? 도덕의 목적은 인간을 행복하게 만드는 것이 아니다.'

공포, 종교의 기초

저는 종교가 공포에 일차적이고 주요한 기반을 두고 있다고 생각합니다. 한편으로 그것은 미지의 존재에 대한 두려움이며, 다른 한편으로는 앞서 말씀드렸다시피, 고통과 다툼 속에 있을 때 우리를 지지해줄 큰형님 같은 존재가 있다고 느끼고 싶은 소망입니다. 신비로운 것에 대한 공포, 패배에 대한 공포, 죽음에 대한 공포를 비롯한 모든 공포가 그 모든 것의 기초입니다. 공포는 잔인함의 어머니이며, 따라서 잔인함과 종교가 손에 손을 잡고 함께 가는 것이 놀라운 일은 아닙니다. 공포가 이 두 가지의 근저에 자리 잡고 있기 때문입니다. 이 세계에서 우리는 이제 과학의 도움을 받아 사물을 이해하고 지배하기 위한 작은 일들을 시작할 수 있습니다. 과학은 기독교에 맞서서, 교회에 맞서서, 그리고 모든 낡은 관념의 억압에 맞서서 한 걸음 한 걸음 전진해왔습니다. 과학은 인류가 너무나 오랜 세월 동안 지녀왔던 비겁한 두려움을 극복하는 데 도움을 줄 수 있습니다. 과학은 우리를 가르칠 수 있습니다. 그리고 저는 우리의 마음이 우리에게 더 이상 상상 속의 버팀목을 찾아 두리번거리지 말라고 가르칠 수 있고, 더 이상 하늘에 있는 동맹군을 만들어내지 말라고 가르칠 수 있으며, 교회가 그 모든 세월 동안 만들어낸 그런 유의 공간이 아니라 바로 이곳 지상에서 이 세계를 더 나은 곳으로 만들기 위한 우리 자신의 노력에 의존하라고 가르칠 수 있다고 생각합니다.

우리는 무엇을 해야 하는가

우리는 자신의 두 발로 우뚝 서서 공정한 눈으로 세상을 직시하고자 합니다. 세상의 좋은 사실들과 나쁜 사실들, 세상의 아름다운 것들과 추한 것들을 망라하여 세상을 있는 그대로 바라보되 그런 세상을 두려워하지 마십시오. 세상에서 오는 공포에 비굴하게 복종할 것이 아니라 지성의 힘으로 세상을 정복하십시오. 신이라는 관념은 모두 근동의 폭정에서 파생되었습니다. 자유인에게는 퍽이나 어울리지 않는 관념인 것입니다. 교회에서 사람들이 자기를 비하하며 스스로 불쌍한 죄인이라고 말하는 것을 듣노라면, 또 그 밖의 온갖 비굴한 말들을 듣노라면, 그들은 경멸받아 마땅하며 자존심을 가진 인간이라 불릴 자격이 없어 보입니다. 우리는 자리에서 일어나 정직하게 세상을 직시해야 합니다. 우리는 할 수 있는 한 최선의 세상을 만들어야 합니다. 비록 세상이 우리가 소망한 만큼 좋아지지 않는다 하더라도, 결국에는 그 모든 세월 동안 저들이 만들어온 세상보다는 여전히 더 나을 것입니다. 좋은 세상은 지식과 친절과 용기를 필요로 합니다. 좋은 세상은 후회에 차서 과거를 동경하는 것, 혹은 오래전에 무지한 자들이 내뱉은 말들로 자유로운 지성을 구속하는 것을 필요로 하지 않습니다. 좋은 세상은 두려움 없는 세계관과 자유로운 지성을 필요로 합니다. 좋은 세상은 미래를 위한 희망을 필요로 하지만, 이미 죽어버린 과거를 향해 시간을 거슬러 돌아보는 것은 필요로 하지 않습니다. 우리의 지성이 만들어낼 수 있는 미래가 그런 과거를 저 멀리 뛰어넘으리라는 것을 우리는 믿습니다.

› ,

어느 신학자의 악몽

저명한 신학자 테디어스 박사(Dr. Thaddeus, 예수의 열두 제자 중 한 사람. 유다라고도 불리는 다대오와 같은 이름이다)는 자신이 죽어서 천국으로 가는 길을 찾고 있는 꿈을 꿨다. 학식이 깊은 테디어스 박사가 그 길을 찾는 데는 아무런 어려움이 없었다. 마침내 그가 천국의 문을 두들겼지만, 예상했던 것보다 철저한 조사가 그를 기다리고 있었다. 테디어스 박사가 말했다.

"천국 입장을 요청드립니다. 저는 훌륭한 인간이었고, 제 평생을 신께 영광을 돌리는 데 바쳤으니까요."

"인간이라고?"

천국의 문지기가 반문했다.

"그게 뭔가? 어떻게 너처럼 괴상한 생명체가 신의 영광을 드높이는 일을 할 수 있었다는 거지?"

테디어스 박사는 경악했다.

"인간을 모르시다니, 어떻게 그러실 수가 있습니까? 인간은 창조주가 만든 최고의 작품이란 말입니다."

이 말에 문지기가 조금 누그러졌다.

"그 점에 대해서는 네 기분을 상하게 해서 미안하게 됐다. 하지만 네가 지금 하는 말은 처음 들어보는 얘기다. 여기 천국에서는 아무도 네가 '인간'이라고 부르는 것에 대해 들어본 적이 없을 것 같구나. 하지만 네가 괴로워하는 것 같으니 도서관장에게 물어볼 기회를 주마."

천 개의 눈과 한 개의 입, 커다란 공처럼 생긴 몸을 가진 천국 도서관의 관장은 그 많은 눈 가운데 몇 개로 테디어스 박사를 내려다보며 천국의 문지기에게 물었다.

"이게 뭔가?"

"이 녀석은 '지구'라는 곳에 사는 '인간'이라 불리는 종족의 일원이라는군. 창조주께서 그곳과 그 종족에 특별한 관심을 가지고 계시다는, 약간 이상한 생각을 하고 있다네. 내 생각엔 자네라면 이 녀석을 깨우쳐줄 수 있을 것 같아서 불렀네."

문지기의 대답을 듣고 관장이 친절한 말투로 신학자에게 말했다.

"네가 '지구'라고 부르는 그곳에 대해 설명해줄 수 있겠지?"

"예, 그곳은 태양계의 한 부분입니다."

"태양계는 뭔가?"

신학자는 당혹스러워하며 대답했다.

"아, 신에 관한 지식이 제 전공 분야인데 지금 관장님께서 제게 물어보시는 건 세속적인 지식에 속하는 질문이로군요. 하지만 천문학자 친구들에게 배운 게 있으니 제가 말씀드릴 수 있습니다. 태양계는 은하수의 일부입니다."

"은하수는 또 뭔가?"

"오, 우주에는 수억 개의 은하가 있다고 들었는데 은하수는 그 은하들 가운데 하나입니다."

"흠, 그렇군. 그렇게 많은 것들 중 하나를 내가 기억하지 못하는 것도 무리가 아니지. 예전에 '은하'라는 단어를 들어본 기억이 나는군. 실은 우리 사서 하나가 은하들을 전문적으로 다루고 있다네. 그 친구를 불러서 도움을 줄 수 있는지 알아보도록 하겠네."

얼마 지나지 않아 몸집이 거대한 사서가 모습을 드러냈다. 그는 12면체의 형상을 하고 있었다. 한때 그의 피부는 밝은 색이었던 것이 분명해 보였지만 서가의 먼지들 때문에 흐리고 탁한 빛을 띠고 있었다. 도서관장은 그에게 테디어스 박사가 자신이 어디에서 왔는지를 설명하는 과정에서 은하들을 언급했다며, 이와 관련된 정보를 도서관의 은하 섹션에서 얻을 수 있기를 바란다고 말했다. 이에 사서가 대답했다.

"글쎄요, 시간이 충분하다면 가능할지도 모르겠습니다. 우주에는 수억 개나 되는 은하들이 있고 각각의 은하마다 책이 한 권씩 있는 실정이라 특정한 책을 찾으려면 상당한 시간이 걸리니까요. 헌데 저 이상한 분자 덩어리가 찾는 게 어떤 은하인가요?"

테디어스 박사가 더듬거리며 대답했다.

"은하수라고 부르는 은하입니다."

"알겠다. 가능하다면 내가 한번 찾아보지."

약 3주 뒤에 사서가 돌아와, 도서관의 은하 섹션이 보유한 엄청나게 효율적인 도서 색인 카드 덕분에 QX321,762라는 일련번호가 붙은 은하수를 찾을 수 있었다고 설명했다.

"우리는 은하 섹션에 있는 직원 5천 명을 모두 이 작업에 투입했다네. 아마도 너는 문제가 된 은하에 특별한 관심을 갖고 있는 직원을 만나고 싶어

할 것 같은데?"

호출되어 온 그 직원의 몸은 8면체였다. 여덟 개의 면에 눈이 하나씩 붙어 있었으며, 그중 한 면에만 입이 달려 있었다. 그는 자신의 서가들이 있는 컴컴한 변방에서 이처럼 눈부신 구역에 오게 되어 놀라고 어리둥절한 표정이었다. 그는 마음을 가다듬으며 조금 수줍은 듯한 목소리로 물었다.

"내가 담당하는 은하에 대해 알고 싶은 게 뭔가?"

테디어스 박사는 목소리를 높여 대답했다.

"제가 원하는 건 태양계에 관한 지식입니다. 태양계란 당신이 담당하는 은하계의 별들 가운데 하나를 중심으로 공전하는 천체들의 집단입니다. 그 천체들이 공전하는 별을 '태양'이라고 부릅니다."

"흠, 너의 요청에 해당하는 은하를 찾는 것도 무척이나 힘든 일이었는데 거기서 네가 말하는 별을 찾는 일은 훨씬 더 어렵구나. 은하수에 별들이 약 3천억 개가 있다는 건 알지만, 나로서는 그 하나하나를 구분하는 지식을 갖고 있지 못하다. 하지만 언젠가 당국에서 3천억 개의 별 전체에 대한 목록을 요구한 적이 있었고, 그것이 아직 지하 서고에 보관되어 있는 것으로 알고 있다. 만일 여기 계신 분들이 그럴 만한 가치가 있다고 생각하신다면, 지옥에 있는 특수 노동력을 동원해서 그 별을 찾아보도록 하겠다."

이왕 문제가 제기된 데다 테디어스 박사가 고충을 겪고 있는 것이 분명했기 때문에, 그들은 이것이 가장 현명한 방법이 될지도 모른다는 데 동의했다.

몇 년이 지난 뒤, 매우 지치고 기력이 쇠한 8면체의 몸뚱이가 은하들을 담당하는 거대한 사서 앞에 모습을 드러냈다.

"마침내 의뢰받은 특정한 별을 찾아냈습니다만, 왜 그것이 특별한 관심을 불러일으켰는지 추측할 수 없어 상당히 당황스럽습니다. 그 별은 같은 은하계에 있는 대다수 별들과 꼭 닮았습니다. 평균적인 크기와 온도를 가지고 있으며, '행성'이라 불리는 훨씬 더 작은 천체들에 둘러싸여 있습니다. 저는 면밀한 조사 끝에 이 행성들 가운데 적어도 몇몇은 그 위에 기생하는 동물들이 있다는 걸 발견했습니다. 저는 우리에게 의뢰한 저 생명체가 그 기생 동물들 중 하나가 틀림없다고 생각합니다."

이 대목에서 테디어스 박사는 격정적이고 분노에 찬 통탄을 터뜨렸다.

"왜, 도대체 왜 창조주께서는 우리 때문에 천국을 만드신 것이 아니라는 사실을 우리 불쌍한 지구 거주자들에게 감추셨을까요? 저는 평생 그분을 열심히 섬겨왔습니다. 그분이 저의 경배를 알아주시고 영원한 축복으로 보상해주시리라 믿으면서 말입니다. 그런데 지금 보니 그분은 제가 존재했다는 사실조차 알지 못하셨습니다. 여러분은 제가 3천억 개의 별로 이루어진 은하수에 속한, 대수롭지 않은 별 하나의 둘레를 도는 작은 천체 위에 사는 하찮은 극미동물(極微動物)이라고 말씀하십니다. 그리고 우주에는 그런 은하가 몇억 개나 된다고 하십니다. 저는 이것을 견딜 수 없으며 더 이상 저의 창조주를 숭배할 수 없습니다."

이 말에 천국의 문지기가 말했다.

"좋아, 그럼 너는 지옥으로 가도 된다."

이 대목에서 신학자는 꿈에서 깨어났다. 그리고 중얼거렸다.

"잠든 사이에 우리의 상상력을 지배하는 사탄의 힘은 참으로 무섭도다."

종교는 우리의 문제를
해결할 수 있는가

I.

인류는 지금 치명적인 위험에 빠져 있으며, 공포는 과거에도 그랬던 것처럼 신에게서 도피처를 찾는 쪽으로 사람들의 마음을 움직이고 있다. 서구 사회 전역에 걸쳐 종교가 전면적으로 되살아나고 있다. 나치주의자들과 공산주의자들은 기독교를 무시하고 우리가 개탄하는 행위들을 저질렀다. 히틀러와 소비에트 정부가 기독교를 부인한 것이 적어도 부분적으로는 우리가 겪는 고통의 원인이며, 따라서 세계가 기독교로 회귀한다면 국제적 문제들이 해결되리라고 결론 내리는 것은 쉬운 일이다. 나는 이것이 공포가 낳은 완전한 망상이라고 믿는다. 그리고 나는 이것이 위험한 망상이라고 생각한다. 이 망상이 생산적인 사유를 통해 올바른 해법에 이르는 길을 갈 지도 모르는 사람들을 오도하기 때문이다.

이 문제는 세계의 현재 상태와만 관련되어 있는 것이 아니다. 그것은 여러 세기 동안 논란이 되어온 훨씬 더 보편적인 문제이다. 그것은 우리 사회가 독단적인 종교의 도움을 받지 않더라도 충분한 도덕성을 발휘할 수 있을 것인가의 문제이다. 나는 종교인들이 믿는 만큼 긴밀하게 도덕이 종교에 의존하지는 않는다고 생각한다. 심지어 나는 종교적 교리를 받아들이는 사람들보다 그것을 거부하는 사람들에게서 매우 중요한 덕목들이 발견될 가능성이 더 크다고 생각한다. 나는 이것이 특히 진실성이나 지적 성실성이라는 덕목에 적용된다고 생각한다. 내가 말하는 지적 성실성은 골치 아픈 문제들을 증거에 입각하여 해결하거나, 증거가 미흡한 경우 그 문제들을 해결하지 않은 채 놔두는 습관이다. 어떤 종류의 교리 체계든 그것을 신봉하는 거의 모든 사람들은 이런 덕목을 과소평가한다. 하지만 내가 보기에 그것은 매우 큰 사회적 중요성을 가지며, 기독교 혹은 다른 어떤 조직화한 신앙 체계보다 세상에 혜택을 줄 가능성이 훨씬 더 크다.

여기서 잠깐, 도덕률들이 어떻게 수용되어 왔는지를 생각해보자. 도덕률에는 크게 두 종류가 있다. 종교적 교리 외에는 아무런 토대도 갖지 않는 도덕률이 있고, 사회적 유용성에 명백한 토대를 둔 도덕률이 있다. 그리스 정교회에서는 같은 아이의 대부와 대모가 된 남녀의 결혼을 금지한다. 이 도덕률에는 분명히 신학적 토대만이 있을 뿐이다. 만일 당신이 이 도덕률을 중요하게 생각한다면, 그것의 훼손을 막기 위해 종교의 쇠퇴에 반대해야 한다고 주장하는 것도 타당할 것이다. 하지만 정작 문제가 되는 것은 이런 종류의 도덕률이 아니라 신학과 무관한 사회적 정당성을 갖고 있는 도덕률이다.

도둑질을 예로 들어보자. 모두가 남의 물건을 훔치는 공동체는 모두에게 불편한 공동체이다. 도둑질이 드문 공동체에서 살 때 대부분의 사람들이 자신이 바라는 삶을 더 많이 누릴 수 있다는 것은 명백하다. 그런데 법률과 도덕과 종교가 없을 때 한 가지 어려움이 생긴다. 각 개인에게 이상적인 공동체란 모두가 정직한데 자신만이 도둑질을 하는 공동체일 것이다. 따라서 개인의 이익이 공동체의 이익과 조화를 이루려면 사회적 제도가 필요하다는 결론이 나온다. 이것은 형법과 경찰을 통해 어느 정도 성공적으로 이루어졌다. 하지만 범죄자들이 늘 붙잡히는 것은 아니며, 경찰이 힘 있는 자들에게 지나치게 관대할 수도 있다. 경찰이 어쩌지 못할 때에도 도둑질을 처벌할 신이 있다는 것을 사람들이 납득할 수 있다면, 이런 믿음은 공동체의 정직성을 고양시킬 것 같다. 이미 신을 믿고 있는 사람들이라면 신이 도둑질을 금지했다는 것을 기꺼이 믿을 것이다. 이런 측면에서 종교가 갖는 유용성은 지상의 정의를 초월한 왕이 도둑질을 한다는 나봇의 포도원(Naboth's vineyard, 이스라엘의 아합 왕이 나봇을 죽게 한 뒤 그의 과수원을 탈취했지만 선지자가 내린 저주대로 죽음을 맞이했다는 성서 〈열왕기〉의 일화) 이야기에 잘 묘사되어 있다.

   그런 생각들이 문명화가 덜 된 공동체에서 사회적으로 바람직한 행동을 촉진하는 데 도움이 될 수도 있었다는 점을 부인할 수는 없다. 하지만 오늘날에는 도덕의 기원을 신학에 돌림으로써 취할 수 있는 이익이, 그것을 상대적으로 무의미하게 만드는 심각한 해악과 분리할 수 없을 정도로 얽혀 있다. 문명이 발전함에 따라 세속적인 제재는 더 확고해졌으며 종교적인 제재는 더 느슨해졌다. 사람들이 도둑질을 하면 잡힐 거라고 생각할 이유는 더욱 많아진 반면, 설사 잡히지 않는다 하더라도 신이 벌을 내릴 거라고 생각할 이유는 더욱 적어진 것이다. 요즘에는 매우 종교적인 사람들조차 도둑질을 했다는 죄목으로 지옥에 갈 거라고는 거의 예상하지 않는다. 그들은 너무 늦기 전에 회개를 할 수 있다고 느낄뿐더러, 지옥이란 것이 과거에 그랬던 것만큼 그리 확실하지도, 그리 뜨겁지도 않다고 생각한다. 문명화한 사회에 사는 대부분의 사람들은 도둑질을 하지 않는다. 나는 이것이 지상에서 처벌을 받을 가능성이 매우 크기 때문이라고 생각한다. 골드러시 때 광산촌 같은 무질서한 공동체에서 거의 모든 사람들이 도둑질을 했다는 사실이 이를 뒷받침한다.

도둑질에 대한 신학적인 금지가 더 이상 필요하지 않을 수 있지만, 어쨌든 그것이 해로운 것은 아니다. 우리 모두는 사람들이 도둑질하지 않기를 바라기 때문이다. 하지만 문제는 사람들이 과거에 받아들였던 신학을 의심하는 쪽으로 기울어지는 순간, 그 신학이 혐오스럽고 유해한 수단들의 지지를 받게 된다는 점이다. 어떤 신학이 도덕에 필수적이라고 여겨진다면, 그리고 거리낌없이 의문을 제기하는 사람들이 그 신학의 진실성을 의심한다면, 권위를 가진 당국은 솔직한 문제 제기를 좌절시키는 작업에 착수할 것이다. 앞선 세기에서는 문제를 제기하는 자들을 화형에 처했으며, 러시아에서는 여전히 이와 대동소이한 방식을 사용하고 있다. 하지만 서구 국가들에서는 좀더 부드러운 설득의 형식들을 완성시켰다. 그중에서도 학교는 아마도 가장 중요한 설득의 형식일 것이다. 젊은이들은 당국이 싫어하는 견해에 우호적인 주장을 듣지 못하도록 보호받아야 한다. 그럼에도 캐묻기 좋아하는 기질을 가진 젊은이들은 사회적 불만을 야기할 것이다. 그러므로 학교는 가능한 한 그들이 도덕적으로 수치심을 느끼도록 만드는 것이다. 신학적인 토대를 가진 도덕 체계는 이런 식으로, 권력을 가진 자들이 자신의 권위를 지키고 젊은이들의 지적인 활력을 손상시키는 도구가 된다.

요즘 상당수 사람들이 진리에 무관심한 것을 보면서 지극히 위험하다고 생각하지 않을 수 없다. 예를 들어 사람들이 기독교를 옹호하는 주장을 펼 때, 토마스 아퀴나스가 그랬듯 신이 존재한다고 생각하는 이유와 신이 자신의 의지를 성서에 드러냈다고 생각하는 이유를 제시하지 않는다. 그 대신 그들은 사람들이 이런 생각을 하면 그러지 않을 때보다 더 훌륭하게 행동할 거라고 주장한다. 그러므로 우리는 신이 존재하는지 여부를 섣불리 추측하려 들어서는 안 된다는 것이다. 만일 방심하는 사이에 의심이 머리를 든다면 우리는 그것을 억눌러야 한다. 만일 솔직한 생각이 의심의 원인이라면 우리는 솔직한 생각을 피해야 한다. 만일 교리를 주창하는 성직자들이 죽은 아내의 자매와 결혼하는 것이 사악하다고 말한다면 우리는 도덕을 붕괴시키지 않기 위해 그들의 말을 믿어야 한다. 만일 그들이 피임은 죄악이라고 말한다면, 피임을 하지 않을 경우 분명히 재앙이 닥칠 거라는 생각이 들더라도 그 가르침을 받아들여야 한다.

어떤 믿음이라도 그것이 진실이라는 것 외의 다른 이유 때문에 중요하다고 주장되는 순간, 세상의 모든 악이 튀어나올 준비를 한다. 앞서 이야기한 것처럼 문제 제기를 좌절시키는 것은 이런 악들 가운데 선두에 서 있으며 나머지 악들도 분명히 그 뒤를 따를 것이다. 정통파가 권위 있는 당국의 자리를 차지하게 될 것이며, 그들이 일반적으로 인정되고 있는 학설들에 의심의 눈길을 던지면 역사적 기록들이 조작될 것이다. 머지않아 비정통적인 의견을 갖는 것은 화형이나 숙청, 강제수용소로 다스려야 하는 범죄로 간주될 것이다. 나는 종교가 진리이므로 믿어야 한다고 주장하는 사람들은 존경할 수 있다. 하지만 종교가 유용하니까 그것을 믿어야 하며, 그것이 진리인지 묻는 것은 시간 낭비라고 말하는 사람들에 대해서는 도덕적으로 엄중하게 힐난하고 싶은 마음뿐이다.

기독교를 옹호하는 사람들이 공산주의를 기독교와 아주 다른 것으로 간주하고, 공산주의의 해악을 기독교 국가들이 향유한다는 좋은 점들과 비교하는 것은 흔히 보는 관행이다. 내게는 이것이 심각한 착각으로 보인다. 공산주의의 해악은 신앙의 시대에 기독교 내부에 존재했던 것과 똑같은 해악이기 때문이다. 오게페우(OGPU, 러시아혁명 이후 반혁명 인사의 적발·체포·처형을 담당했던 구소련의 비밀경찰)는 중세의 종교재판과 단지 양적으로만 달랐을 뿐이다. 오게페우가 자행한 잔학 행위들과 그것이 러시아인들의 지성적·도덕적 삶에 가한 손상은 종교재판관들이 자신들의 세력이 미치는 어디에서나 저질렀던 짓과 같은 것이었다. 공산주의자들이 역사를 조작하지만 가톨릭교회도 르네상스 때까지 같은 짓을 했다. 행여 그 교회가 지금 소비에트 정부만큼 나쁘지 않다면, 그것은 그 교회를 공격했던 사람들이 미친 영향 덕분이다. 트리엔트 공의회로부터 현재에 이르기까지 가톨릭교회가 이뤄낸 개선점들은 모두 그 교회에 맞선 사람들 덕분이었다.

공산주의적 경제 원리를 싫어하기 때문에 소비에트 정부에 반대하는 사람들이 많이 있다. 하지만 크렘린(모스크바 크렘린 궁에 위치한 소비에트 정부를 상징하는 말)은 이 원리를 초기 기독교인들과 프란시스코 수도사들, 그리고 대다수 중세 기독교 이단들과 공유하고 있다. 공산주의적 원리는 기독교의 이단들에게만 국한된 것이 아니었다. 정통파 순교자였던 토머스 모어 경은 기독교가 공산주의적이라고 언급하면서, 이것이야말로 유토피아 사상가들이 추천했던 기독교의 유일한 측면이라고 말한다. 타당한 위험으로 간주될 수 있는 것은 소비에트의 원리 자체가 아니라 그 원리가 주장되는 방식이다. 공산주의자는 그 원리가 신성불가침의 진리이며, 그것을 의심하는 것은 가장 무거운 처벌을 받아 마땅한 죄라고 주장한다. 공산주의자는 기독교인과 마찬가지로 자신이 신봉하는 원리가 인류의 구원에 필수적이며, 자신을 구원해줄 수 있는 것은 바로 이러한 신념이라고 믿는다. 공산주의와 기독교가 양립할 수 없게 만드는 것은 그 두 가지 사이에 있는 유사성들이다. 과학자 두 사람이 의견 일치를 보지 못할 때 그들은 세속 재판(the secular arm, 종교재판소에서 중벌을 부과하기 위해 죄인을 보냈던 세속의 법정)을 들먹이지 않으며, 그 문제를 해결할 추가적인 증거가 나오기를 기다린다. 그들은 과학자로서 두 의견 다 오류일 가능성이 있다는 것을 알고 있기 때문이다. 그러나 신학자 두 사람이 의견이 다를 때는 그들이 호소할 수 있는 기준이 없는 까닭에 서로에게 증오심만 남게 되며, 그들은 공개적으로든 은밀하게든 폭력에 호소하게 된다.

나는 지금의 기독교가 과거에 그랬던 것보다는 해를 덜 끼치고 있다는 점을 인정한다. 하지만 그것은 사람들이 기독교를 예전만큼 열렬히 신봉하지 않기 때문이다. 아마도 시간이 흐르면 같은 변화가 공산주의에도 닥칠 것이다. 만일 그렇게 된다면 공산주의는 지금 자신을 역겨운 것으로 만드는 것의 많은 부분을 떨쳐버리게 될 것이다. 하지만 기독교가 도덕과 사회적 안정에 필수적이라는 견해가 서구에서 기승을 부린다면, 기독교는 중세와 같은 악덕을 다시 한 번 획득하게 될 것이다. 그리고 기독교가 공산주의를 더욱더 닮아갈수록 그것이 공산주의와 화해하는 것은 더욱더 어려워질 것이다. 이 길을 통해서는 세계가 재앙으로부터 구원받을 수 없다.

II.

앞에서 나는 진리가 아니라 사회적 유용성에 기초한 교리 체계들이 만들어낸 해악들을 살펴보았다. 내가 말한 것은 기독교, 공산주의, 불교, 힌두교, 그리고 모든 신학적 체계들에 똑같이 적용된다. 이들 중 어느 것이라도 과학자들이 그러하듯 보편적 설득력을 가진 근거들에 의지하는 한 거기에서 예외가 된다. 하지만 기독교가 지녔다는 특별한 장점들을 근거로 기독교를 옹호하는 특별한 주장들이 있다. 케임브리지 대학 현대사 교수인 허버트 버터필드는 능란한 입담과 박식함을 과시하면서(《기독교와 역사》 1950년, 런던) 이런 주장들을 펼쳐왔다. 나는 버터필드 교수를 그와 의견을 공유하는 큰 집단의 대변인으로 간주하고 이야기를 이어가겠다.

버터필드 교수는 자신을 실제보다 더 개방적으로 보이게 만드는 양보를 통해 논쟁에서 어떤 이점을 확보하려고 시도한다. 그는 기독교회가 사람들에 대한 박해에 의지해왔다는 점, 그 교회가 이런 관행을 포기하도록 이끈 것은 외부로부터의 압력이었다는 점은 인정한다. 그는 러시아와 서구 사이의 긴장은 설사 러시아 정부가 그리스 정교회를 계속해서 신봉해왔다 하더라도 예견되었을 법한 무력 외교의 결과라는 점도 인정한다. 또 그는 자신이 명백히 기독교적이라고 간주하는 덕목들의 일부를 자유사상가들이 몸소 보여주었던 반면, 다수의 기독교인들에게서는 찾아볼 수 없었다는 점을 인정한다. 하지만 이러한 양보에도 불구하고 그는 여전히, 기독교 교리를 신봉함으로써 세계를 고통스럽게 만들고 있는 악을 해결할 수 있다고 주장한다. 동시에 그는 신과 영혼의 불멸에 대한 믿음뿐만 아니라 성육신(incarnation, 그리스도가 인간을 구원하기 위하여 인간의 몸으로 세상에 태어남)에 대한 믿음도 기독교 교리의 최소한의 필수 조건 속에 포함시킨다.

그는 기독교와 특정한 역사적 사건들과의 연결을 강조하면서, 만일 자신의 종교와 관련되어 있지 않다면 본인도 납득하지 못할 것이 분명한 증거에 입각하여 이 사건들을 역사상 실제로 벌어진 사건들로 받아들인다. 그가 내놓은 동정녀 수태의 증거는, 만일 그에게 익숙한 신학적 믿음의 영역 밖에서 제시했다면 어떤 공평무사한 탐구자도 납득시키지 못할 증거라고 생각된다. 이교도 신화에도 그런 이야기들이 수없이 많지만 아무도 그것들을 진지하게 받아들이지 않는다. 하지만 버터필드 교수는 역사가임에도 기독교의 기원과 관련되기만 하면 역사적 확실성의 문제에는 별 관심이 없는 것 같다. 그의 주장에서 세련된 스타일과 관대한 척하는 기만적 태도를 빼고 나면, 거칠지만 정확하게 다음과 같이 정리할 수 있다.

'그리스도가 정말로 동정녀에게서 태어났고 성령으로 잉태했는지를 질문하는 것은 별 가치가 없다. 왜냐하면 사실 여부와 상관없이 그것이 사실이었다는 믿음이 오늘날 세상의 고통에서 벗어날 수 있다는 최선의 희망을 제시하기 때문이다.'

버터필드 교수의 저서 어디에도 기독교 교리의 진실성을 입증하려는 최소한의 시도도 찾아볼 수 없다. 단지 기독교 교리에 대한 믿음이 유용하다는 실용적인 주장만 있을 뿐이다. 명료하고 정확하게 기술되어 있지 않은 버터필드 교수의 주장에는 여러 단계가 있다. 내가 보기에 그는 논지의 설득력이 떨어질까 봐 명료함과 정확함을 포기한 것 같다. 비본질적인 것들을 제거한 그의 논지는 다음과 같다.

'사람들이 자신의 이웃을 사랑하면 좋겠지만 그들은 이런 성향을 별로 보여주지 않는다. 그럼에도 그리스도는 이웃을 사랑해야 한다고 말한다. 만일 사람들이 그리스도가 신이라는 것을 믿는다면, 그렇게 믿지 않을 때보다 이 문제에 대한 그의 가르침에 더 많은 주의를 기울일 공산이 크다. 그러므로 사람들이 자신의 이웃을 사랑하기를 바라는 이들은 그리스도가 신이라는 것을 납득시키기 위해 노력할 것이다.'

이런 주장에 반박할 수 있는 논리는 너무 많아서 어디서부터 시작해야 할지 모르겠다. 먼저, 버터필드 교수나 그와 생각을 같이하는 모든 사람들은 이웃을 사랑하는 것이 좋은 일이라는 것을 받아들이지만, 이런 견해를 유지하는 그들의 근거는 그리스도의 가르침에서 온 것이 아니다. 오히려 그들이 이런 견해를 이미 가지고 있기 때문에, 이웃을 사랑하라는 그리스도의 가르침을 그가 가진 신성의 증거라고 간주하는 것이다. 즉 그들은 신학에 기반을 둔 윤리가 아니라 자신들의 윤리에 기반을 둔 신학을 가지고 있는 셈이다. 하지만 그들은 이웃을 사랑하는 것이 좋은 일이라고 생각하게 만드는 비신학적 근거들이 폭넓은 호소력을 가질 것 같지 않다는 점을 분명히 파악하고 있다. 그러므로 그들은 좀더 효과적일 거라고 기대되는 다른 논지들을 고안해내기에 이른 것이다. 이것은 매우 위험한 방식이다. 다수의 신교도들은 안식일을 지키지 않는 것이 살인을 저지르는 것만큼이나 사악하다고 생각했다. 만일 안식일을 지키지 않는 것이 사악하지 않다는 것을 납득시킨다면, 그들은 살인을 저지르는 것 역시 사악하지 않다고 추론할지도 모른다. 모든 신학적 윤리는 이성적으로 방어될 수 있는 부분과 단지 미신적인 금기가 구체화한 것에 불과한 부분으로 구성되어 있다. 이성적으로 방어될 수 있는 부분은 이성적으로 방어되어야 한다. 이 부분이 제대로 방어되지 못한다면, 다른 부분의 불합리성을 발견한 이들이 그 신학적 윤리 전체를 성급하게 거부해버릴 수 있기 때문이다.

과연 기독교는 실제로 경쟁 종교나 적대적 종교들보다 더 나은 도덕성을 드러내왔을까? 정직한 역사학도라면 누구라도 이것이 사실이라고 주장할 수는 없으리라고 본다. 기독교는 아무 거리낌 없이 사람들에게 박해를 가해왔다는 점에서 다른 종교들과 구별된다. 불교는 단 한 번도 박해의 종교였던 적이 없었다. 칼리프 제국은 기독교 국가들이 유대인들과 이슬람교도들을 대했던 것보다 훨씬 더 관대하게 유대인들과 기독교인들을 대했다.

칼리프 제국은 유대인들과 기독교인들이 조공을 바치는 한 그들을 공격하지 않았다. 기독교는 로마 제국이 기독교화하는 순간부터 반유대주의를 부추겼다. 십자군의 종교적 열정은 서유럽에서 집단학살로 이어졌다. 드레퓌스와 그의 최종적인 복권을 이끌어낸 자유사상가들을 부당하게 고발한 것은 기독교인들이었다.

현대에 접어들어서도 기독교인들은 유대인이 그 대상일 때뿐만 아니라 다른 경우에도 천인공노할 행위들을 옹호해왔다. 가톨릭교회는 벨기에의 레오폴드 국왕이 콩고에 세운 식민정부가 저지른 만행(상아와 고무 생산을 독려하기 위해 천만 명에 이르는 콩고인들을 학살했다)을 은폐하거나 축소했으며, 자유사상가들이 시위를 함으로써 이를 종식시킬 수 있었다. 기독교가 도덕을 고양시키는 데 영향을 미쳐왔다는 모든 주장은 역사적 증거에 대한 대규모 무시나 조작을 통해서만 유지될 수 있다.

이런 문제들에 대한 상투적인 대답은, 우리가 개탄하는 짓들을 저지른 기독교인들은 그리스도의 가르침을 따르지 않았다는 의미에서 진정한 기독교인들이 아니었다는 것이다. 물론 우리는 이와 똑같은 논리로, 소비에트 정부가 진정한 마르크스주의자들로 구성되지 않았다고 충분히 주장할 수 있다. 마르크스는 슬라브 민족이 독일인들보다 열등하다고 가르쳤지만 이 교리가 크렘린에서 받아들여지지 않았기 때문이다. 스승을 따르는 추종자들은 늘 어떤 측면에서 그 스승의 교리로부터 벗어나게 마련이다. 나름의 교회를 세우겠다는 목표를 가진 사람들은 이 점을 명심해야 한다. 모든 교회는 자기 보존 본능을 키워나가며, 창시자가 제시한 교리들 가운데 이런 목적에 도움이 되지 않는 부분들은 최소화한다. 하지만 어떤 경우에도 현대의 옹호자들이 '진정한' 기독교라고 부르는 것은 매우 선별적인 과정에 의존하고 있다. 그것은 복음서들에서 찾아볼 수 있는 많은 것들을 무시한다. 예를 들면 양과 염소의 비유(그리스도가 재림할 때 하나님의 자식이 아닌 자들을 상징하는 염소들을 지옥에 보내겠다고 저주하는 이야기)나 악한 자들은 영원히 지옥불의 고통을 받으리라는 교리가 그런 것들이다.

'진정한' 기독교는 〈산상수훈〉의 특정 부분들을 골라내서 써먹지만, 실제로는 이것들조차 거부하는 경우가 많다. 예컨대 그것은 무저항의 교리를 간디 같은 비기독교인만 실천하도록 방치한다. 그것이 특별히 선호하는 계율들은 너무나 고귀한 도덕성을 구현하고 있으므로 하나님에게서 비롯된 것이 틀림없다는 주장도 있다. 하지만 버터필드 교수는 이런 계율들 전부를 그리스도 이전에 유대인들이 이미 말했다는 것을 알아야 한다. 예를 들면 그것들을 힐렐(Hillel, 기원전 1세기에 율법 해석의 방법을 최초로 확립한 유대인 랍비)의 가르침이나 《12족장의 유언》(Testaments of the Twelve Patriarchs, 야곱의 자식들이며 이스라엘 12지파의 창시자인 12족장들이 후손들에 대한 윤리적 권고를 유서 형식으로 남긴 경전)에서 찾아볼 수 있다. 이 문제에 대한 최고 권위자인 R. H. 찰스 박사는 이렇게 말한다.

'〈산상수훈〉은 여러 경우에서 우리의 텍스트 속에 담겨 있는 정신을 반영하며, 심지어 그 텍스트에 있는 문구를 그대로 복제한다. 복음서들에 있는 다수의 구절도 비슷한 흔적들을 보여주고 있다. 성 바울은 이 책을 휴대용 편람처럼 사용했던 것 같다.'

찰스 박사는 그리스도가 이 책을 잘 알고 있었음이 틀림없다는 의견을 가지고 있다. 우리가 가끔 듣는 얘기처럼, 만일 윤리적 가르침의 고귀함이 그것을 발설한 이의 신성을 증명하는 것이라면, 정작 신성을 부여받아야 하는 것은 이 경전을 쓴 이름 모를 저자인 것이다.

세상이 나쁜 방향으로 흘러간다는 것은 부인할 수 없지만 기독교가 그 출구를 제공한다고 가정할 만한 역사적 근거는 전혀 없다. 우리의 문제들은 공산주의자들과 나치주의자들을 낳은 제1차 세계대전으로부터 비롯되었다. 제1차 세계대전은 그 기원에서 완전히 기독교적인 전쟁이었다. 세 황제(독일, 오스트리아, 러시아 황제를 지칭)는 독실한 기독교도였으며, 영국 내각의 호전적인 성향을 가진 각료들도 마찬가지였다. 독일과 러시아에서 전쟁에 반대하는 목소리는 반기독교적 사회주의자들로부터 나왔다. 프랑스에서는 조레스(Jean Jaurès, 프랑스의 사회주의 지도자이자 저술가)가 전쟁에 반대했는데, 그가 암살되었을 때 열렬한 기독교인들은 갈채를 보냈다. 영국에서는 유명한 무신론자인 존 몰리가 같은 목소리를 냈다.

공산주의의 가장 위험한 특징들은 중세 교회를 연상시킨다. '신성한 책'에 구현된 교리들을 맹신적으로 받아들인다는 점, 그 교리들에 대한 비판적 고찰을 꺼린다는 점, 그리고 그 교리들을 거부하는 사람들에게 야만적인 박해를 가한다는 점 등이 그런 특징들이다. 미래에 대한 낙관적 전망을 위해 우리가 의지해야 하는 것은 서구에서의 광신주의와 편협성의 부활이 아니다. 만일 그러한 것들이 실제로 부활한다면, 그것은 공산주의 체제의 혐오스러운 특징들이 보편화했다는 것을 의미할 뿐이다.

이 세계가 필요로 하는 것은 합리성과 관용이다. 또 이 세계가 필요로 하는 것은 인류라는 가족 구성원들 사이에 작용하는 상호 의존성에 대한 깨달음이다. 이러한 상호 의존성은 현대적 발명들 덕분에 엄청나게 증가했으며, 이웃에 대해 친절한 태도를 취해야 한다는 순전히 세속적인 주장들은 과거 어느 시대보다 훨씬 더 강한 발언권을 얻고 있다. 우리가 의지해야 할 것은 이러한 생각들이지 반계몽적 신화로의 회귀가 아니다. 누군가는 지성이 우리의 문제들을 야기했다고 말할지도 모르겠다. 그러나 그 문제들을 해결하는 것은 무지몽매함이 아니다. 오직 더 크고 더 현명한 지성만이 보다 행복한 세계를 만들 수 있다.

나는 왜
불가지론자인가[*]

불가지론자(不可知論者)는 기독교를 비롯한 여타 종교들이 관련되어 있는 신이나 내세 같은 문제들의 진실을 아는 것이 불가능하다고 생각한다. 혹은 그것이 불가능하지는 않다 하더라도 적어도 현시점에서는 불가능하다고 생각한다.

불가지론자는 무신론자인가?

아니다. 무신론자는 기독교인과 마찬가지로 신의 존재 여부를 우리가 알 수 있다고 주장한다. 기독교인은 신이 존재한다는 것을 우리가 알 수 있다고 주장하는 반면, 무신론자는 신이 존재하지 않는다는 것을 우리가 알 수 있다고 주장한다. 불가지론자는 긍정이나 부정을 위한 충분한 근거가 없다는 이유를 들어 이에 대한 판단을 유보한다. 이와 동시에 그는 신이 존재한

---

[*] 이 문답은 1957년 《Look》이라는 잡지에 게재되었으며 이후 단행본 《미국의 종교들》에 수록되었다.

다는 것이 불가능하지는 않다 하더라도 그 개연성이 아주 낮다고 주장할 수 있다. 심지어 그는 신이 존재할 개연성이 너무 떨어져서 실제로 그것을 고려할 만한 가치가 없다고 주장할 수도 있다. 이런 경우 그는 무신론자로부터 그리 멀리 떨어져 있지 않다.

불가지론자의 태도는 고대 그리스의 신들에 대해 신중한 철학자가 가짐 직한 태도와 같을 수 있다. 만약에 내가 제우스와 포세이돈과 헤라를 비롯한 올림포스의 신들이 존재하지 않는다는 것을 입증하라는 요청을 받는다면, 나는 확실한 논거를 찾을 수 없어 당황스러울 것이다. 불가지론자라면 기독교의 신이 올림포스의 신들만큼 있음 직하지 않다고 생각할 수 있다. 이런 경우 그는 실질적으로 무신론자와 의견이 일치할 수 있다.

당신은 '신의 법칙'을 인정하지 않는다. 그렇다면 당신은 어떤 권위를 행동의 길잡이로 받아들이는가?

불가지론자는 종교적인 사람들이 받아들이는 의미의 '권위'를 받아들이지 않는다. 그는 우리가 행동의 문제들을 스스로 숙고하여 해결해야 한다고 주장한다. 물론 그는 타인들의 지혜로부터 유익함을 얻으려 노력하겠지만, 자신이 보기에 현명하다고 생각되는 사람들을 스스로 선택해야 한다. 그리고 그는 자신이 선택한 현명한 사람들이 말하는 것조차 의문의 여지가 있다고 간주한다.

불가지론자는 '신의 법칙'으로 통용되는 것이 때때로 달라진다는 것을 관찰하게 된다. 성서는 여성이 자신의 죽은 남편의 형제와 결혼해서는 안 된다는 것과, 어떤 상황에서는 그렇게 해야 한다는 것 두 가지 다를 말하고 있다. 만일 당신이 불운하게도 미혼의 시동생을 가진 자식 없는 과부라면 이런 '신의 법칙'에 대한 거역을 피하기란 논리적으로 불가능하다.

당신은 무엇이 선이고 무엇이 악인지를 어떻게 아는가? 불가지론자는 죄를 어떻게 생각하는가?

불가지론자는 무엇이 선이고 무엇이 악인지 일부 기독교인들만큼 확신을 갖지 않는다. 그는 과거에 대부분의 기독교인들이 그랬던 것처럼, 난해한 신학적 쟁점들에 대해 통치 체제에 동의하지 않는 사람들이 고통스러운 죽음을 겪어야 한다고 주장하지 않는다. 그는 박해에 반대할 뿐만 아니라 도덕적 비난도 상당히 꺼리는 편이다.

　불가지론자는 '죄'가 유용한 관념이 아니라고 생각한다. 물론 그는 어떤 행동은 바람직하고 어떤 행동은 바람직하지 않다는 것을 인정하지만, 바람직하지 않은 행동에 대한 징벌은 언제나 교화의 수단일 때만 권고되어야 한다고 주장한다. 악한 자들이 고통받는 것이 그 자체로 좋은 일이라는 생각에서 부과되는 징벌은 권고할 수 없다는 것이다. 사람들이 지옥을 받아들이도록 만드는 것은 보복적 징벌에 대한 이런 식의 믿음이다. 이는 '죄'라는 관념이 끼치는 해악의 일부이다.

불가지론자는 자기 좋을 대로 행동하는가?

어떤 의미에서 이것은 사실이 아니지만, 또 다른 의미에서는 모든 사람들이 자기 좋을 대로 행동하는 것도 사실이다. 예컨대 당신이 누군가를 너무나 싫어해서 죽이고 싶어 한다고 가정해보자. 당신은 왜 그렇게 하지 않는가? 당신은 이렇게 대답할 수도 있을 것이다. "종교가 살인은 죄라고 말하기 때문입니다." 하지만 통계적으로 볼 때 불가지론자들이 다른 사람들보다 더 살인을 범하기 쉬운 것은 아니다. 사실은 그런 성향이 좀 덜하다. 그들은 살인을 삼가는 문제에서 다른 사람들과 같은 동기들을 가지고 있다. 그 가운데 단연코 가장 강력한 동기는 처벌에 대한 두려움이다. 정상적인 환경에서는 법을 준수했을 법한 모든 부류의 사람들이 골드러시 때와 같은 무법천지에서는 온갖 범죄를 저지를 것이다. 정상적인 환경에서는 법률적인 처벌만 따르는 것이 아니다. 범죄자라는 이유로 혐오의 대상이 되는 것을 피하기 위해 가장 가까운 친구들에게조차 가면을 써야만 한다는 것을 알게 될 때의 불편함과 외로움도 있다. 또 이른바 '양심'이라는 것도 있다. 당신이 살인자라고 가정해보자. 자신이 저지른 살인을 떠올릴 때면 희생자의 마지막 순간이나 시체에 대한 끔찍한 기억 때문에 두려운 마음이 들 것이다. 이 모든 것은 당신이 법을 준수하는 공동체에 살고 있기 때문이지만, 그런 공동체를 만들고 지키기 위한 세속적인 이유들은 충분히 많다.

앞서 나는 모든 사람들이 어떤 의미에서는 자기 좋을 대로 행동한다고 말했다. 바보만이 모든 충동에 탐닉하지만, 어떤 욕망을 억제시키는 것은 언제나 다른 욕망이다. 어떤 사람의 반사회적 소망들이 신을 즐겁게 하려는 소망으로 억제될 수도 있지만, 그것은 친구들을 즐겁게 하기 위한 소망이나 자신이 속한 공동체의 존경을 얻기 위한 소망, 혹은 혐오감 없이 자신을 바라보고 싶은 소망으로도 억제될 수 있다. 만일 그런 소망들이 없다면 추상적인 도덕률만으로 그 사람이 정도를 걷게 만들 수는 없을 것이다.

불가지론자는 성서를 어떻게 생각하는가?

불가지론자는 진보적인 성직자들과 정확히 같은 방식으로 성서를 바라본다. 그는 성서가 신의 영감을 받아 기록된 것이 아니라고 생각한다. 그는 성서에 나오는 초기 역사가 전설적인 것이며, 호머의 작품에 나오는 역사만큼이나 사실이 아니라고 생각한다. 그는 성서의 윤리적 가르침이 때로는 좋지만 때로는 아주 나쁘다고 생각한다.

예를 들어보자. 어느 전쟁에서 사무엘은 적군의 모든 남자와 여자와 아이 들뿐만 아니라 모든 양과 소 들을 죽이라고 사울에게 명령했다. 하지만 사울은 양과 소 들을 살려주었고, 우리는 그를 비난하라는 가르침을 듣는다. 나는 자신을 조롱한 아이들을 저주했던 엘리사를 찬양할 수 없으며, 성서에 나온 것처럼 그 아이들을 죽이려고 자비로운 신이 암컷 곰 두 마리를 보낸다는 것도 믿을 수 없다(엘리사가 자신에게 대머리라고 조롱한 아이들을 여호와의 이름으로 저주하자 수풀에서 암컷 곰 두 마리가 나와 마흔두 명의 아이들을 갈기갈기 찢어서 죽였다는 구약성서 〈열왕기하〉 3장 23~24절의 이야기).

불가지론자는 예수와 동정녀 수태, 성삼위일체를 어떻게 생각하는가?

불가지론자는 신을 믿지 않으므로 예수가 신이라고 생각하지 않는다. 대부분의 불가지론자들은 복음서에 나오는 예수의 삶과 도덕적 가르침을 존경하지만, 반드시 다른 인물들보다 더 많이 존경하는 것은 아니다. 어떤 사람들은 예수를 붓다와 같은 반열에 올려놓고, 어떤 사람들은 소크라테스와 같은 반열에 올려놓기도 한다. 그를 에이브러햄 링컨과 같은 반열에 올리는 사람들도 있다. 또 불가지론자들은 어떤 권위도 절대적인 것으로 받아들이지 않기 때문에 예수가 말했던 것이 의심의 여지가 없다고는 생각하지 않는다.

불가지론자들은 동정녀 수태를 이교도 신화에서 가져온 교리로 간주한다. 이교도 신화에서 그런 방식의 출산은 드문 일이 아니다(조로아스터도 처녀에게서 태어났다고 전해지며, 바빌론의 여신 이슈타르는 성처녀라고 불린다). 불가지론자들은 동정녀 수태나 삼위일체 교리에 신빙성을 부여할 수 없다. 이중 어느 것도 신에 대한 믿음이 없으면 성립할 수 없기 때문이다.

불가지론자는 기독교인이 될 수 있는가?

'기독교인'이란 단어는 시대마다 다른 의미들을 지녀왔다. 그리스도 이후 대부분의 세기에 걸쳐 그 단어는 신의 존재와 영혼의 불멸성을 믿고 그리스도가 신이라고 주장하는 사람을 의미해왔다. 하지만 유니테리언(삼위일체를 인정하지 않는 자유주의적 기독교 종파) 신도들은 그리스도의 신성을 믿지 않음에도 자신들을 기독교인이라 부른다. 오늘날 많은 사람들은 '신'이란 단어를 과거보다 훨씬 덜 정확한 의미로 사용한다. 스스로 신을 믿는다고 말하는 많은 사람들이 이 단어를 한 사람이나 세 사람의 삼위일체를 의미하는 것이 아니라 진화의 과정에 내재하는 모호한 경향이나 힘, 혹은 목적을 의미하는 것으로 사용한다. 여기서 훨씬 더 나아가 어떤 사람들은 '기독교'라는 단어를 자신들이 기독교인의 특성이라고 상상하는 윤리 체계를 의미하는 것으로 사용하기도 한다. 이것은 역사에 대한 무지에서 기인한 것이다.

최근에 출간된 책에서 이 세계가 필요로 하는 것은 '사랑이나 기독교적 사랑 혹은 연민'이라고 내가 말했을 때, 많은 사람들은 이것이 내 견해가 바뀌었음을 보여준다고 생각했다. 하지만 사실상 나는 과거 어느 때라도 같은 말을 했을지 모른다. 만일 당신이 '기독교인'이란 단어로, 이웃을 사랑하고 타인의 고통에 동정심을 느끼며 잔학 행위와 천인공노할 만행이 없는 세계를 열렬히 갈망하는 사람을 지칭한다면, 나를 기독교인이라고 부르는 것이 정당화될 수 있다. 그리고 나는 이런 맥락에서 당신이 정통파 기독교인들보다 불가지론자들 가운데서 더 많은 '기독교인'을 발견하게 될 거라고 생각한다. 그러나 나로서는 그런 개념 규정을 받아들일 수 없다. 이에 대한 다른 반대들은 차치하더라도, 그런 식의 규정은 유대인과 불교도와 이슬람교도를 비롯한 비기독교인들에게 무례한 처사처럼 보이기 때문이다. 역사가 보여주는 한, 이들은 현대의 일부 기독교인들이 교만하게도 자기네 종교에 특유하다고 주장하는 덕목들을 최소한 기독교인들만큼은 실천해 왔던 것이다.

또 나는 상대적으로 이른 시기에 스스로 기독교인이라고 했던 모든 사람들과 오늘날 기독교인이라 자처하는 대다수 사람들이 신의 존재와 영혼의 불멸에 대한 믿음을 기독교인에게 핵심적인 것으로 간주한다고 생각한다. 이런 바탕 위에서 나는 스스로 기독교인이라 해서는 안 되며, 불가지론자가 기독교인이 될 수는 없다고 말해야 한다. 하지만 '기독교'란 단어가 일반적으로 일종의 도덕을 의미하는 것으로만 쓰이게 된다면, 그때는 불가지론자가 기독교인이 되는 것도 분명히 가능할 것이다.

불가지론자는 인간이 영혼을 가지고 있다는 것을 부인하는가?

'영혼'이라는 단어를 규정하지 않는다면 이것은 정확한 의미를 가지고 있지 않은 질문이다. 대략적으로 짐작해보건대 영혼이라는 단어의 의미는, 한 사람의 평생에 걸쳐 지속되고, 심지어 미래의 모든 시간에 걸쳐 지속되는 비물질적인 어떤 것이 될 터이다. 만일 이것이 그 단어가 의미하는 바라면 불가지론자는 인간이 영혼을 가지고 있다는 것을 믿지 않는 것 같다. 하지만 나는 불가지론자가 반드시 유물론자인 것은 아니라고 서둘러 덧붙여야 한다. 나 자신을 비롯한 많은 불가지론자들은 영혼만큼이나 육체에 대해서도 상당히 의심스러워하기 때문이다. 하지만 이것은 우리를 어려운 형이상학 속으로 데리고 들어가는 긴 이야기이다. 나는 정신과 물질이 모두 실제로 존재하는 것이 아니라, 우리의 담론 속에서 사용되는 편리한 상징에 불과하다는 말로 내 입장을 밝혀두겠다.

불가지론자는 내세를 믿는가? 그리고 천국이나 지옥을 믿는가?

사람들이 죽음을 넘어 생존할 수 있는가, 라는 질문은 그에 관한 증거를 확인하는 것이 가능한 질문이다. 많은 사람들은 심령학적 연구와 강신론(降神論, 죽은 사람의 영혼이 그 존재를 여러 가지 방법으로 알린다는 이론)이 그런 증거를 제공한다고 생각한다. 불가지론자는 어떤 식으로든 증거가 존재하지 않는다면 영혼의 생존에 대해 견해를 갖지 않는다. 나로서는 우리가 죽음을 넘어 생존한다고 믿어도 좋을 이유가 없다고 생각하지만, 만일 적합한 증거가 나타나기라도 한다면 그러한 생존을 믿을 용의가 있다.

천국과 지옥은 다른 문제이다. 지옥에 대한 믿음은 죄에 대한 보복적 징벌이 좋은 것이라는 믿음과 연결되어 있으며, 그런 징벌이 가질 수 있는 교화나 억제의 효과와는 별 관계가 없다. 어떤 불가지론자도 거의 지옥을 믿지 않는다. 천국에 관해서는 상상컨대 언젠가는 강신론을 통해 그 존재에 대한 증거가 나올지도 모르지만, 불가지론자들은 대부분 그런 증거가 없다고 생각하기 때문에 천국을 믿지 않는다.

당신은 신을 부인할 때 전혀 두렵지 않은가?

매우 분명하게 그렇다고 말할 수 있다. 나는 제우스와 주피터와 오딘과 브라만(힌두교의 최고신으로 범천(梵天)이라고도 부른다)도 부인하지만 이것이 전혀 꺼림칙하지 않다. 나는 상당수 인류가 신을 믿지 않지만, 그에 따라 어떤 가시적 징벌을 받지 않는다는 것을 관찰한다. 그리고 만일 신이 있다면, 그가 자신의 존재를 의심하는 이들 때문에 마음이 상할 정도로 불편한 허영심을 가지고 있을 가능성은 매우 낮다고 생각한다.

불가지론자는 자연의 아름다움과 조화를 어떻게 설명하는가?

나는 이런 '아름다움'과 '조화'를 어디에서 찾는다고 하는지 이해할 수 없다. 동물의 왕국 도처에서 동물들은 가차없이 서로를 잡아먹는다. 그들 대부분은 다른 동물들에게 죽임을 당하거나 굶주림으로 서서히 죽어간다. 나로서는 촌충 속에서 어떤 대단한 아름다움이나 조화를 발견할 수 없다.

하지만 이 기생충이 우리가 지은 죄에 대한 벌로 보내진 것이라고 말하지 않으면 좋겠다. 촌충은 사람들보다 동물들에게 더 많이 퍼져 있기 때문이다. 내가 짐작하기에 질문자는 별이 빛나는 밤하늘의 아름다움 같은 것들을 염두에 두고 있는 것 같다. 하지만 우리는 별들이 이따금씩 폭발하여 인근에 있는 모든 것들을 희미한 안개로 축소시켜 버린다는 것을 기억해야 한다. 아름다움이란 어떤 경우든 주관적이며 관찰자의 눈 속에서만 존재할 뿐이다.

불가지론자는 기적을 비롯한 신의 전능함을 드러내는 계시를 어떻게 설명하는가?

불가지론자는 '자연법칙'에 반하여 발생한다는 의미에서의 '기적들'에 대해서는 아무런 증거가 없다고 생각한다. 신앙요법이 행해지고 있지만 그것이 전혀 기적적이지 않다는 것을 우리는 알고 있다. 루르드(Lourdes, 프랑스 남서부 피레네 산맥 기슭에 위치한 도시. 1858년 한 소녀가 마사비엘 동굴에서 성모 마리아의 환영을 여러 차례 목격한 뒤 '루르드의 성모 마리아 숭배'가 가톨릭교회의 공인을 받게 되었으며, 그 동굴의 지하 샘물은 불치병에 기적적인 효과가 있는 것으로 선포되었다)에서 특정한 질병들은 치유될 수 있지만 다른 질병들은 그렇지 않다. 루르드에서 치유될 수 있는 사람들은 아마도 환자가 신뢰하는 어떤 의사를 통해서도 치유될 수 있을 것이다.

불가지론자는 여호수아가 태양에게 멈추라고 명령했던 것과 같은 여타 기적들에 대한 기록을 전설로 일축하면서, 모든 종교가 그런 전설들을 풍부하게 가지고 있다는 점을 지적한다. 성서에 기록된 기독교의 신을 위한 증거들만큼이나 기적적인 증거들이 그리스 신들을 위해서도 호머의 작품 속에 존재하는 것이다.

세상에는 종교가 반대하는 천박하고 잔인한 열정들이 존재해왔다. 만일 종교적 원리들을 포기한다면 인류는 존속할 수 있는가?

천박하고 잔인한 열정들의 존재는 부인할 수 없지만, 나는 종교가 이 열정들에 반대해왔다는 것에 대한 어떤 역사적 증거도 찾을 수 없다. 오히려 종교는 그런 열정들을 정당화함으로써 사람들이 아무런 후회 없이 그 열정들에 탐닉할 수 있게 해주었다. 잔인한 박해는 다른 어느 곳보다 기독교 국가들에서 더욱 흔하게 이루어졌다. 박해를 정당화하는 것은 독단적 신앙이다. 친절과 관용은 독단적 신앙이 쇠퇴함에 따라 세상에 널리 퍼졌다. 우리 시대에 새로운 독단적 종교, 즉 공산주의가 나타났다. 불가지론자는 다른 독단의 체계들만큼이나 이것에 대해서도 반대한다. 현재의 공산주의가 갖는 박해의 성격은 앞선 세기에 기독교가 가졌던 박해의 성격과 정확히 같다.

    기독교가 사람들을 덜 박해하게 된 것은 독단론자들을 덜 독단적이게 만든 자유사상가들의 노력 덕분이다. 만일 독단론자들이 지금도 과거처럼 독단적이라면 그들은 여전히 이단자들을 말뚝에 매달아 화형시키는 것을 옳다고 생각할 것이다. 일부 현대 기독교인들이 본질적으로 기독교적이라고 간주하는 관용의 정신은 사실상 절대적 확실성에 대한 의심을 용인했던 기질의 산물이다. 과거의 역사를 불편부당한 방식으로 연구하는 어떤 사람이라도 종교가 방지했던 것보다 더 많은 고통을 촉발했다는 결론에 다다르게 될 거라고 나는 생각한다.

불가지론자에게 삶의 의미는 무엇인가?

나는 이 질문에 대해 또 다른 질문으로 답하고 싶다. '삶의 의미'란 말의 의미는 무엇인가? 나는 원래의 질문이 의도하고 있는 것이 어떤 일반적인 목적이라고 짐작한다. 나는 우리의 전반적인 삶이 어떤 목적도 갖지 않는다고 생각한다. 그것은 그냥 벌어질 뿐이다. 하지만 개별 인간들은 목적을 가지고 있으며, 불가지론에는 그들이 이런 목적을 포기하게 만드는 요소가 전혀 없다. 물론 그들은 자신이 목표로 한 결과들을 성취하리라고 확신할 수 없다. 하지만 승리가 확실하지 않다면 싸우지 않겠다는 병사를 좋게 생각할 수는 없는 법이다. 자신의 목적을 강화하기 위해 종교를 필요로 하는 사람은 소심한 사람이다. 나는 이런 사람에 대해, 실패할 가능성을 인정함에도 불구하고 모험을 시도하는 사람만큼 좋게 생각할 수는 없다.

종교를 부인하는 것이 결혼과 순결의 부인을 의미하는 것인가?

여기서 다시 한 번, 우리는 또 다른 질문으로 답해야 한다. '이 질문을 하는 사람은 결혼과 순결이 지상에서의 세속적인 행복에 기여한다고 생각하는가, 아니면 그것들이 지상에서는 고통을 초래함에도 천국에 가는 수단으로 옹호되어야 한다고 생각하는가?' 후자의 견해를 가진 사람은 자신이 도덕이라고 부르는 것의 쇠퇴를 불가지론이 낳는다고 분명히 예상하겠지만, 그러한 도덕이 지상에 있는 인류의 행복에 봉사하지 않는다는 것을 인정해야 할 것이다. 만일 그가 전자의 견해를 가지고 있다면, 즉 결혼과 순결을 옹호할 만한 세속적인 논거가 있다면, 그는 이러한 논거가 불가지론자에게도 호소력을 가진다고 주장해야 한다. 이처럼 불가지론자들은 성적인 도덕에 대해서는 특기할 만한 견해를 가지고 있지 않다. 하지만 그들 대부분은 성적인 욕망들에 대한 억제되지 않은 탐닉에 반대하는 정당한 논거들이 있다는 것을 인정한다. 그러나 그들은 이런 논거들을 신의 명령이 아니라 지상의 원천들로부터 이끌어낸다.

이성에 대해서만 믿음을 갖는다는 것은 위험한 신념이 아닌가? 영적이고 도덕적인 법칙이 없다면 이성은 불완전하고 부적합하지 않은가?

불가지론자를 비롯하여 양식을 가진 어떤 사람도 '이성에 대해서만' 믿음을 갖지는 않는다. 이성은 사실의 문제들과 관련되어 있다. 그중 일부는 관찰한 것이고 일부는 추론한 것이다. 내세가 있는가라는 질문과 신이 존재하는가라는 질문은 사실의 문제들과 관련이 있으며, 불가지론자는 그 질문들이 다음 질문과 같은 방식으로 탐구되어야 한다고 주장할 것이다. '내일 월식이 있을 것인가?' 그러나 행동을 결정하는 데는 사실의 문제들만으로는 충분하지 않다. 그것들이 우리가 어떤 목적들을 추구해야 할지는 알려주지 않기 때문이다. 목적의 영역에서 우리는 이성 외의 다른 어떤 것을 필요로 한다. 불가지론자는 외부적인 명령에서가 아니라 마음속에서 자신의 목적을 발견한다.

한 가지 예를 들어보자. 만일 당신이 기차를 타고 뉴욕에서 시카고까지 여행한다면, 언제 기차가 운행하는지 찾아보기 위해 이성을 동원할 것이다. 기차시각표 없이도 운행 정보를 알 수 있는 통찰이나 직관의 능력이 있다고 생각하는 사람은 좀 멍청하다고 여겨질 것이기 때문이다. 하지만 어떤 기차시각표도 시카고로 여행하는 것이 현명하다고 말해주지는 않는다. 그것이 현명한지 여부를 결정할 때 그가 추가적인 사실의 문제들을 고려해야 하는 것은 분명하지만, 모든 사실의 문제들 뒤에는 추구하기에 적합하다고 생각되는 목적들이 있다. 다른 사람들과 마찬가지로 불가지론자에게도 이 목적들은, 비록 그것들이 이성과 전혀 모순되지는 않지만 이성의 영역이 아닌 다른 영역에 속한다. 내가 말하는 영역이란 감정과 감각과 욕망의 영역이다.

당신은 모든 종교를 미신이나 독단의 형식으로 간주하는가? 현존하는 종교들 가운데 당신은 어떤 종교를 가장 존중하는가? 그 이유는 무엇인가?

대규모 인구를 지배해온 조직화한 위대한 종교들은 모두 얼마간 독단과 관련되어 있지만, '종교'는 의미가 그다지 명확하지 않은 단어이다. 예컨대 유교는 어떤 독단도 내세우지 않지만 종교라고 부를 수 있을지도 모른다. 또 어떤 형식의 진보적 기독교에서 독단의 요소는 최소한으로 축소되어 있다.

역사상 위대한 종교들 가운데 나는 불교, 특히 불교의 초기 형식을 좋아한다. 그것이 박해의 요소를 가장 적게 가지고 있기 때문이다.

공산주의는 불가지론처럼 종교를 반대한다. 불가지론자는 공산주의자인가?

공산주의는 종교를 반대하지 않는다. 마치 이슬람교도들이 그러하듯 단지 기독교를 반대할 뿐이다. 적어도 소비에트 정부와 공산당이 옹호하는 형태의 공산주의는 특별히 치명적이고 사람들을 박해하는 새로운 교리 체계이다. 그러므로 진정한 불가지론자라면 그것을 반대해야 한다.

불가지론자는 과학과 종교가 화해하는 것이 불가능하다고 생각하는가?

이 질문에 대한 답은 '종교'가 의미하는 바에 따라 달라진다. 만일 그것이 단지 하나의 윤리 체계를 의미한다면 그것은 과학과 화해할 수 있다. 만일 그것이 의심할 바 없이 진리라고 간주되는 하나의 교리 체계를 의미한다면 그것은 과학적 정신과 양립할 수 없다. 과학적 정신은 증거가 없다면 사실의 문제들을 받아들이지 않을 뿐만 아니라 완벽한 확실성은 획득하기 힘들다고 주장하기 때문이다.

어떤 증거라야 당신에게 신이 존재한다는 확신을 줄 수 있는가?

만약에 내가 전혀 벌어지지 않음 직한 일들을 포함하여 향후 24시간 동안 내게 벌어질 모든 일들을 예언하는 하늘의 목소리를 듣게 된다면, 그리고 만일 그 모든 사건들이 실제로 벌어진다면, 아마도 나는 최소한 어떤 초인간적인 지성의 존재를 확신하게 될지도 모르겠다. 나에게 확신을 줄지도 모르는 그런 유의 다른 증거를 상상할 수는 있지만, 내가 아는 한 그러한 증거는 존재하지 않는다.

4부

학문

On Studies

나는 왜
철학을 하게 되었는가

다양한 동기들이 사람들을 철학자의 길로 이끌어왔다. 그중에서 가장 고상한 동기는 세계를 이해하고 싶다는 열망이었다. 아직 철학과 과학이 구분되지 않았던 초기에는 이 동기가 압도적이었다. 같은 시기에 사람들을 철학으로 강하게 끌어당긴 또 하나의 동기는 감각의 기만성이었다. 다음과 같은 질문들이 여기에 해당된다. 무지개는 어디에 있는가? 사물들은 정말로 햇빛이나 달빛에 비친 그대로의 존재인가? 이 질문들을 좀더 현대적으로 바꾸면, 사물들은 정말로 육안이나 현미경을 통해 보이는 그대로의 존재인가, 가 된다. 그로부터 얼마 지나지 않아 이러한 수수께끼들 위에 더욱 커다란 문제 하나가 추가되었다. 그리스인들이 올림포스의 신들에 대해 의심을 품기 시작할 무렵, 그들 중 일부는 철학 속에서 전통적인 신앙의 대체물을 찾으려 했다. 이 두 가지 동기가 결합하며 철학에는 두 갈래의 움직임이 나타났다. 한편으로 철학은 일상생활에서 지식으로 통용되는 많은 것들이 진짜 지식이 아니라는 걸 보여준다고 생각되었다. 다른 한편으로 철학은 바람직한 우주의 모습에 대해 우리의 일상적인 믿음들보다 더 잘 들어

맞는 한층 심오한 철학적 진리가 있다는 걸 보여준다고 생각되었다. 거의 모든 철학에서 의심은 철학적 사유에 자극을 주는 수단이었으며 확실성은 추구해야 할 목표였다. 거기에는 감각에 대한 의심과 과학에 대한 의심, 신학에 대한 의심이 있었다. 어떤 철학자들에게는 이 가운데 한 가지 의심이 두드러졌고 어떤 철학자들에게는 또 다른 의심이 두드러졌다. 철학자들은 이런 의심들에 대해 그들이 제시한 대답들에서도, 심지어 이런 의심들에 대답하는 것 자체가 가능한지 여부에서도 각양각색이었다.

이 모든 전통적인 동기들이 결합하여 나를 철학으로 이끌었지만 나에게 특별히 영향을 미친 두 가지 동기가 있었다. 가장 먼저 작용했으며 가장 오래 지속된 동기는 확실한 진리로 받아들여질 수 있는 지식을 발견하고 싶은 열망이었다. 또 다른 동기는 종교적 충동을 만족시켜줄 어떤 것을 찾고 싶은 열망이었다.

나를 철학으로 이끈 첫 번째 계기는(당시에 나는 '철학'이란 말도 몰랐지만) 내 나이 열한 살에 찾아왔다. 하나밖에 없는 형이 나보다 일곱 살이나 많았던 까닭에 내 유년기는 대체로 외로웠다. 의심할 바 없이 그런 외로움 때문에 나는 다소 진지해졌으며 무척 많은 시간을 생각에 잠겨 있었다. 하지만 그런 생각을 실행에 옮기는 데 바탕이 되는 지식은 별로 갖추지 못했다. 비록 의식하지는 못했지만, 나는 수학적인 마음을 가진 사람들이 통상 그러하듯 논증하기를 즐겼다. 성장하고 난 뒤에야 비로소 나는 이 문제에 대해 나와 같은 느낌을 가졌던 사람들을 발견하게 되었다. 순수수학 교수였던 내 친구 G. H. 하디는 이런 기쁨을 한껏 즐기는 사람이었다. 언젠가 그는 내게 이렇게 말했다.

"만일 자네가 5분 뒤에 죽을 거라는 증거를 발견할 수 있다면, 물론 자네를 잃게 되어 슬프긴 하겠지만, 그런 슬픔보다는 그 증거에서 얻게 될 즐거움이 상당히 더 클 것 같네."

나는 그의 생각에 전적으로 공감했으며 조금도 기분이 나쁘지 않았다. 기하학 공부를 시작하기 이전에 나는 그것이 어떤 것들을 증명한다는 말을 누군가로부터 들었다. 그래서 기하학을 가르쳐주겠다는 형의 말을 들었을 때 나는 기뻤다. 당시의 기하학은 유클리드 기하학이었다. 형은 먼저 각종 정의(definition)를 가르쳐주는 것으로 기하학 교습을 시작했다. 이것들을 나는 아주 쉽사리 받아들였다. 하지만 그다음에 공리(axiom)로 넘어가자 문제가 발생했다. 형은 이렇게 말했다.

"공리들을 증명할 수는 없지만, 우리가 나머지 것들을 증명하려면 반드시 전제해야 하는 거란다."

이 말에 내 희망은 무너져 내렸다. 나는 우리가 증명할 수 있는 뭔가를 발견하면 대단히 신날 거라고 생각했었다. 그런데 증명할 수 없는 전제들을 통해서만 이런 일을 할 수 있다는 게 아닌가. 나는 일종의 분노가 담긴 눈빛으로 형을 노려보며 말했다.

"만약에 그것들을 증명할 수 없다면 내가 왜 인정해야 되는 거야?"

"어쨌든 네가 공리들을 인정하지 않으면 더 이상 진도를 나갈 수 없으니까."

나머지 이야기를 들어보는 것도 나쁘지 않겠다는 생각에서 나는 당분간 공리를 인정하는 데 동의했다. 하지만 내 마음속에는, 반론의 여지가 없는 명료함을 발견할 수 있으리라는 희망을 가졌던 영역에 대한 의심과 혼란이 가득 남아 있었다. 이런 의심들에도 불구하고 나는 커다란 기쁨, 실은 다른 어떤 학문에서보다 더 큰 기쁨을 수학에서 발견했다. 여기에는 내가 대부분의 시간 동안 그런 의심들을 잊고 지냈을뿐더러, 아직 내게 알려지지 않은 어떤 해답을 언젠가는 찾을 수 있으리라 생각했던 것도 한몫했다. 나는 수학을 물리적인 세계에 적용하는 데 대해 생각하기를 좋아했으며, 언젠가는 기계에 관한 수학만큼이나 정밀한 인간 행동에 관한 수학이 존재하게 되리라는 희망을 가졌다. 논증을 좋아했기에 이런 희망을 가졌던 것이다. 그리고 대부분의 경우 이런 동기는, 당시에 내가 품고 있던 자유의지에 대한 열망보다 더 강렬하게 나를 사로잡았다. 그럼에도 나는 수학의 타당성에 관한 근본적인 의심들을 그다지 극복하지는 못했다.

고등수학을 배우기 시작했을 때 새로운 어려움들이 나를 엄습했다. 스승들은 오류가 있다고 느껴지는 증명들을 내게 제시했다. 나는 그 이전에 이미 그 증명들이 오류로 밝혀졌다는 사실을 나중에야 알게 되었다. 당시에는 몰랐지만, 그리고 내가 케임브리지 대학을 떠난 뒤에도 한동안은 몰랐지만 독일 수학자들이 더 나은 증명들을 발견했던 것이다. 그런 연유로 나는 칸트 철학의 장중한 어조를 받아들일 마음의 준비를 갖추게 되었다. 칸트 철학에 대한 방대한 연구를 새롭게 하다 보니 그때까지 나를 괴롭히던 어려움들이 사소하고 하찮아 보였다. 훗날 이 모든 것도 오류라고 생각하게 되었지만, 그것은 내가 이미 형이상학적 혼란의 수렁에 깊이 빠져들고 난 뒤의 일이다. 내가 철학으로 옮겨가도록 부추긴 것은 수학에 대한 혐오감이었으며, 이것은 시험을 보는 데 요구되는 테크닉에 대한 지나친 집중과 몰입에서 비롯된 것이었다. 시험 테크닉을 습득하려다 보니, 수학이란 교활한 책략과 교묘한 기법으로 이루어진 것이며, 전반적으로 십자말풀이와 너무나 유사하다고 생각하게 되었다. 케임브리지에서 보낸 첫 3년이 끝날 무렵 마지막 수학 시험을 치르고 나왔을 때, 나는 두 번 다시 수학을 돌아보지 않겠다고 맹세한 뒤 가지고 있던 수학책을 전부 팔아치웠다. 이런 기분 속에서 철학을 연구하게 된 나는 깊은 골짜기에서 빠져나와 눈앞에 펼쳐진 새로운 풍경을 바라볼 때의 희열을 맛보게 되었다.

내가 확실성을 추구했던 건 수학에서뿐만이 아니었다. 데카르트처럼(이때까지도 나는 데카르트를 몰랐다) 나 자신의 존재는 의심할 수 없는 것이라고 생각했다. 또 데카르트처럼 외부 세계가 꿈에 불과하다고 추정하는 것이 가능하다고 느꼈다. 하지만 그것이 꿈이라 할지라도 내가 실제로 꾸는 꿈이며, 따라서 내가 그것을 경험하고 있다는 사실은 흔들림 없이 확실했다. 이런 맥락의 생각이 내 나이 열여섯 살 때 떠올랐으며, 데카르트가 이것을 자기 철학의 기초로 삼았다는 사실을 나중에 알게 되었을 때 나는 무척 기뻤다.

또 다른 동기가 철학에 대한 내 관심을 자극했다. 수학조차 의심하도록 나를 이끌었던 회의주의는 종교의 근본적인 교리들에 대해서도 의문을 품게 만들었다. 하지만 나는 최소한의 종교적 신앙을 지키는 방법을 찾게 되기를 간절히 열망하고 있었다. 열다섯 살 때부터 열여덟 살 때까지 엄청난 시간을 들여 종교적 신앙에 대해 생각했다. 근본 교리들을 받아들일 이유를 찾게 되기를 진심으로 소망하면서 그것들을 하나씩 검토했다. 내가 지금도 보관하고 있는 노트에 그 생각들을 적었다. 물론 조잡하고 유치한 생각이긴 하지만, 당시에 제기했던 불가지론(agnosticism)의 문제에 대해 나는 한동안 해답을 찾지 못했다. 케임브리지에서 나는 예전에 접하지 못했던 전반적인 사상 체계를 알게 되었으며, 혼자 탐구해오던 생각들을 한동안 방치하게 되었다. 그곳에서 나는 헤겔 철학에 입문했다. 그는 열아홉 권의 난해한 저작들을 통해, 전통적인 신앙의 정교한 대체물로 훌륭하게 작동하게 될 어떤 것을 자신이 입증했노라고 천명했다. 헤겔은 우주를 촘촘하게 직조된 하나의 통일체로 간주했다. 만일 어느 한 부분을 건드리면 전체가 흔들린다는 점에서 헤겔의 우주는 젤리 같은 것이다. 하지만 그것을 실제로 잘라서 부분들로 나눌 수 없다는 점에서는 젤리와 다르다.

헤겔에 따르면 전체를 구성하는 부분들의 모습은 환영이다. 유일한 실재는 절대자(the Absolute)이며, 이것이 바로 헤겔이 신의 자리에 올려놓은 존재의 이름이다. 이 철학 속에서 나는 한동안 위안을 찾았다. 그것의 추종자들, 특히 나와 가까운 친구였던 맥태거트(John Ellis Mctaggart)가 내게 설명한 바에 따르면, 헤겔의 철학은 매혹적인 동시에 명료해 보였다. 맥태거트는 나보다 여섯 살 많은 철학자였으며, 평생 동안 헤겔의 열렬한 추종자였다. 그는 동시대인들에게 상당한 영향을 미쳤는데 나도 그의 영향 아래 있었다. 시간과 공간이 실재하지 않고 물질은 환영이며, 세계는 오직 정신으로만 구성되어 있다고 믿는 것 속에는 묘한 쾌감이 있었다. 하지만 나는 어느 한순간 추종자의 자리에서 주인의 자리로 돌아갔으며, 헤겔이라는 인간 속에서 혼란의 잡동사니와 말장난에 불과해 보이는 것을 발견하게 되었다. 나는 그의 철학을 내던져버렸다.

그 후 한동안, 나는 수정을 거친 플라톤의 원리 속에서 만족을 찾았다. 물을 좀 타서 완화된 형태로 받아들인 플라톤의 원리에 따르면, 불변하는 영원한 이데아의 세계가 있으며 우리의 감각에 비친 세계는 그 이데아의 복사본이다. 이 원리에 따르면 수학은 이데아의 세계를 다루는 것이므로 일상의 세계에는 결여되어 있는 정확성과 완벽함을 갖는다. 플라톤이 피타고라스로부터 끌어온 이런 유의 수학적 신비주의가 내 마음을 사로잡았다. 하지만 나는 끝내 이 원리도 포기해야 했으며, 그 뒤로는 내가 받아들일 수 있었던 어떤 철학적 원리 속에서도 종교적 만족을 찾지 않았다.

나는
어떻게 글을 쓰는가

글쓰기란 어떻게 해야 하는지, 혹은 현명한 비평가라면 내 글쓰기를 향상시키기 위해 어떤 조언을 할 것인지 나는 아는 척할 수 없다. 내가 할 수 있는 최선은 내가 몸소 시도해본 것들과 관련지어 얘기하는 것이다.

스물한 살 이전까지 나는 얼마간 존 스튜어트 밀의 문체로 글을 쓰고자 했다. 그의 문장 구조와 하나의 주제를 전개해나가는 방식이 마음에 들었기 때문이다. 하지만 나는 이미 수학에서부터 비롯된 다른 이상들을 가지고 있었던 것 같다. 모든 것에 대해 그것을 명료하게 표현할 수 있는 최소한의 단어들로 말하기를 바랐던 것이다. 어쩌면 더 이상의 문학적 전범을 따르기보다 베데커(Karl Baedeker,《베데커 가이드》라는 유명한 여행 안내서를 펴낸 19세기 독일의 출판업자)를 모방해야 할지도 모른다는 생각이 들었다. 나는 어떤 것에 대해 모호하지 않게 말하는 가장 짧은 방법을 찾느라 여러 시간을 보내곤 했으며, 이 목적을 위해서라면 미학적 훌륭함을 추구하려는 온갖 시도를 기꺼이 희생할 수 있었다.

그러나 스물한 살이 되자 나는 새로운 영향권 아래 들어가게 되었다. 훗날 내 처남이 되는 로건 피어설 스미스(Logan Pearsall Smith)가 바로 그 사람이다. 당시에 그는 글의 내용이 아니라 문체에 전적으로 관심을 쏟고 있었다. 플로베르와 월터 페이터(Walter Pater, 예술을 위한 예술을 주창했으며 오스카 와일드에게 영향을 미친 영국의 문필가)가 그의 우상이었다. 나는 그들의 테크닉을 모방하는 것이 글쓰기를 배우는 방법이라고 믿을 준비가 꽤나 되어 있었다. 그는 여러 가지 단순한 규칙들을 내게 알려주었다. 그중에서 두 가지가 지금도 기억난다. "네 개의 단어를 쓴 뒤에는 매번 쉼표를 붙여라"와 "문장의 첫머리 말고는 '그리고(and)'를 쓰지 마라"가 그것이다. 그가 가장 강조했던 것은 항상 글을 고쳐 써야(re-write) 한다는 것이었다. 나는 성실하게 이것을 시도했지만 내 초고가 거의 언제나 수정한 원고보다 낫다는 것을 발견했다. 이 발견 덕분에 나는 엄청난 시간을 절약할 수 있었다. 물론 나는 이것을 글의 내용이 아니라 형식에만 적용했다. 중요한 오류를 발견하면 나는 글 전체를 다시 쓴다. 하지만 내가 어떤 문장의 내용에 만족할 때에도 그 문장을 향상시킬 수 있을지는 잘 모르겠다.

  나는 크게 염려하지 않고도 글을 쓰는 방법들을 매우 점진적으로 발견해왔다. 내가 어렸을 때 한동안은(어쩌면 오랫동안) 진지한 글을 매번 참신하게 쓴다는 것이 내 역량을 넘어서는 일처럼 보였다. 나는 이런 사정이 결코 나아지지 않으리라는 두려움 때문에 안절부절못하다가 신경질적인 상태에 빠지곤 했다. 이런저런 만족스럽지 못한 시도들을 차례차례 해봤지만 결국 그 모두를 폐기해야 했다. 마침내 나는 그런 어설픈 시도들이 시간 낭비라는 걸 깨달았다. 내게 필요했던 것은, 먼저 어떤 주제에 대한 책을 구상하고 거기에 예비적인 주의를 진지하게 기울인 다음 그것을 무의식 속에서 숙성시키는 기간인 듯했다. 그것은 서두른다고 되는 일이 아니었으며, 오히려 신중하게 생각하느라 지연되기도 했다. 가끔은 어느 정도 시간이 지난 뒤 내가 실수를 저질렀으며, 염두에 두었던 책을 쓸 수 없다는 사실을 발견하곤 했다. 하지만 이보다는 운이 좋은 경우가 많았다. 어떤 문제의 씨앗을 무의식 속에 심은 뒤 매우 강렬한 집중의 시간을 보내고 나면 땅 밑에서 싹이 트곤 했다. 그러다 어느 한순간 그 문제에 대한 해결책이 눈부실 정도로 명료하게 떠오르면, 계시처럼 떠오른 것들을 받아 적는 일만 남았던 것이다.

이런 경우들 가운데 가장 특이했고 그 이후에도 내가 의지하게 된 사례는 1914년 초에 벌어진 일이다. 이에 앞서 나는 보스턴에서 로웰 강연(Lowell Lectures, 존 로웰의 유지로 설립된 로웰 협회라는 교육재단이 저명인사들을 연사로 초빙하여 개최하는 대중 강연)을 하기로 약속하고 '외부 세계에 대한 우리의 지식'을 강의 주제로 정했다. 나는 1913년 한 해 동안 줄곧 이 문제를 생각했다. 학기 중에는 케임브리지의 연구실에서, 방학 때는 템스 강 상류 쪽에 있는 조용한 여관에서, 나는 가끔씩 숨 쉬는 걸 잊고 있다가 마치 최면에서 깨어나듯 숨을 헐떡일 정도로 그 문제에 골몰했다. 하지만 그 모든 수고도 허사였다. 내가 생각해볼 수 있었던 모든 이론들에 대해 치명적인 반박 논리를 떠올릴 수 있었다. 결국 절망에 빠진 나는 축 늘어진 기력이 되살아날 거라는 희망을 품고 크리스마스 휴가를 보내기 위해 로마로 향했다. 1913년 마지막 날 나는 케임브리지로 돌아왔다. 비록 내가 고민하던 문제들은 아직 완전히 해결되지 않았지만, 남은 시간이 얼마 없었기 때문에 최선을 다해 속기사에게 구술할 준비를 했다. 다음날 아침 속기사가 현관에 들어섰을 때, 정확히 내가 말해야 할 것들이 갑자기 머릿속에 떠올랐다. 나는 한순간도 머뭇거리지 않고 책의 전체 내용을 구술했다.

나는 과장된 인상을 전달하고 싶지는 않다. 그 책은 매우 불완전했으며, 지금 생각하면 심각한 오류들을 담고 있다. 하지만 그것은 당시에 내가 할 수 있었던 최선이었다. 더 여유 있는 방식으로(내가 쓸 수 있는 시간 안에) 일했더라면 나는 분명히 그것보다 못한 책을 만들어냈을 것이다. 다른 사람들은 어떤지 모르지만 나에게는 이것이 올바른 방식이다. 내 경우에는 플로베르와 페이터를 잊는 것이 최선임을 파악하게 된 것이다.

글쓰기에 관해 내가 지금 생각하는 것이 열여덟 살 때 생각했던 것과 크게 다르지는 않지만, 그 분야에서 내 발달 과정은 결코 직선적이지 않았다. 20세기 첫 몇 해 동안, 현란하고 수사학적인 문체에 대한 야망을 품었던 시기가 있었다. 《자유인의 신앙》을 썼던 시기인데, 이 책은 내가 지금은 좋게 생각하지 않는 작품이다. 당시에 나는 밀턴의 산문에 푹 빠져 있었고, 그가 규칙적으로 찍은 마침표들은 내 마음의 동굴 속에 반향을 불러일으켰다. 하지만 나는 이제 더 이상 그것들을 찬미할 수 없으며, 그것들을 모방한다는 것은 내게 일종의 불성실함으로 다가온다. 실제로 모든 모방은 위험한 것이다. 문체로 따지자면 영국국교회의 기도서와 《흠정역 성서》(the Authorized Version of the Bible, 1611년 제임스 1세의 칙명으로 47명의 학자와 성직자가 영어로 번역한 성서)를 따라갈 작품이 없지만, 이것들은 우리 시대와는 다른 생각과 감정의 방식을 표현하고 있다. 작가의 개성이 은밀하고도 거의 무의식적으로 표현되지 않으면 좋은 문체가 아니다. 단, 이때도 그 작가의 개성이 표현할 가치가 있어야만 한다. 비록 직접적인 모방은 언제나 비난받아 마땅하지만, 좋은 글과 친숙해짐으로써 얻을 수 있는 것이 많으며, 특히 산문의 리듬감을 키우고자 할 때 큰 도움이 된다.

내가 생각하기에 설명적 산문을 쓰는 작가들에게 추천할 만한 몇몇 단순한 격언들(아마도 내 처남 로건 피어설 스미스가 내게 권했던 것들만큼 단순하지는 않겠지만)이 있다. 첫째, 짧은 단어로 표현할 수 있다면 긴 단어를 쓰지 마라. 둘째, 대단히 많은 조건들을 가진 진술을 하고 싶다면 그 조건들의 일부를 별도의 문장 속에 배치하라. 셋째, 문장의 서두가 결말과 상반될 거라는 기대를 독자가 품지 않도록 하라. 사회학 책에 나옴 직한 다음과 같은 문장을 예로 들어보자.

'실제 사례에서는 낮은 비율로만 충족되는 어떤 전제 조건들이, 선천적이든 후천적이든 우호적인 환경이라는 우연한 통로를 통해, 사회적으로 유리한 방식으로 규범에서 벗어난 다수의 요소들을 가진 특정한 개인을 만들어내는 데 결합될 때에만 인간들은 바람직하지 못한 행동 패턴들로부터 완전히 자유로워진다.'

우리가 이 문장을 우리말로 번역할 수 있는지 한번 살펴보자. 나는 다음과 같은 문장을 제시하고자 한다.

'모든 사람들이 악당이거나, 적어도 거의 모든 사람들이 악당이다. 악당이 아닌 사람들은 태어날 때와 자랄 때 모두 남다른 행운을 가졌음이 틀림없다.'

이것은 더 짧고 이해하기 쉬우면서도 원래 문장과 같은 말을 하고 있다. 하지만 나는 첫 번째 문장 대신 두 번째 문장을 구사하는 교수들이 학교에서 보따리를 싸게 될까 봐 걱정된다.

이제부터 하는 말은 독자들 가운데 학자가 될 수도 있는 사람들을 위한 조언이 될 것이다. 마음만 먹는다면 수학적 논리를 구사할 수 있다는 걸 모든 사람들이 알고 있기 때문에, 내가 쉬운 일상어를 사용하는 것이 용인된다. 다음 문장을 예로 들어보자.

'어떤 사람들은 자신의 죽은 아내의 자매와 결혼한다.'

나는 몇 년간 연구를 한 뒤라야만 이해할 수 있는 언어로도 이 문장을 표현할 수 있으며, 이런 상황은 나에게 자유를 준다. 나는 젊은 교수들에게 자신의 첫 번째 책은 박식한 소수만 이해할 수 있는 전문용어로 써야 한다고 권고한다. 이런 책을 쓰고 난 다음에야 그들은 '사람들이 알아먹을 수 있는' 언어로 자신이 말하고자 하는 바를 말할 수 있다. 요즘처럼 우리의 목숨이 교수들의 손에 달린 시대에, 만일 그들이 내 조언을 채택한다면 우리의 감사를 받을 자격이 있다고 생각하지 않을 수 없다.

우리 시대를 위한
철학

비록 이 글에 '우리 시대를 위한 철학'이라는 제목을 붙였으나, 나는 우리 시대에 철학이 해결해야 할 과제들이 다른 시대의 과제들과 어떤 식으로든 다르지 않다고 생각한다. 나는 철학이 영원하고도 변하지 않는 특정한 가치를 가진다고 믿는다. 그러나 한 가지 측면에서는 예외가 있다. 즉 어떤 시대들은 다른 시대들보다 지혜로부터 더욱 멀리 벗어나게 되며, 따라서 그런 사태를 받아들이려 하지 않는 마음과 결합된 철학을 더욱 필요로 한다는 것이다. 우리 시대는 여러 측면에서 지혜가 부족한 시대이며, 그에 따라 철학의 가르침을 통해 크게 이익을 얻게 될 시대이다.

철학의 가치는 부분적으로는 생각과 연관이 있고 부분적으로는 감정과 연관이 있다. 하지만 이 두 가지 경로에서 철학이 거두는 성과들은 밀접하게 연결되어 있다. 이론적인 측면에서 철학은 우주를 전체적으로 이해하는 데 도움이 된다. 감정적인 측면에서 철학은 인생의 목적들을 올바로 평가하는 데 도움이 된다. 나는 먼저 철학이 우리의 생각을 위해 무엇을 할 수 있는지를 살펴본 다음, 그것이 우리의 감정을 위해 할 수 있는 것들을 살펴보고자 한다.

지금 그리고 여기

철학이 하는, 혹은 해야 하는 첫 번째 일은 지적 상상력을 확대시키는 것이다. 인간을 포함한 동물들은 지금이라는 시간과 여기라는 공간으로 이루어진 하나의 중심으로부터 세계를 바라본다. 마치 한밤중의 촛불처럼, 우리의 감각은 대상들이 우리로부터 멀어짐에 따라 점점 더 희미한 빛을 그 위에 뿌리게 된다. 하지만 동물로서 우리는 모든 것을 단 하나의 시점에서 바라보아야 한다는 제약으로부터 결코 벗어나지 못한다.

과학은 이런 지리적이고 시간적인 감옥으로부터 탈출하려고 시도한다. 물리학에서 시공간상의 좌표는 완전히 임의적으로 설정한 것이며, 물리학자는 자신의 시점과 아무 상관없이 시리우스의 거주자들에게든 은하 외부에 있는 성운의 거주자들에게든 똑같이 적용될 수 있는 것들을 말하고자 하는 목표를 가지고 있다.

여기에도 지적인 해방의 단계들이 있다. 역사학과 지질학은 우리를 '지금'으로부터 벗어나게 해주며, 천문학은 '여기'로부터 우리를 벗어나게 해준다. 이런 학문들로 가득 찬 정신을 가진 인간은 자신의 자아가 시공간계에서 매우 특별한 부분을 차지하고 있다는 사실을 둘러싸고 우연하고도 사소한 어떤 것이 있다는 느낌을 갖게 된다. 그의 지성은 점점 더 물리적 욕구에서 분리된다. 그는 동물적 욕망에 얽매어 있는 사람에게는 허용되지 않는 보편성과 시야와 힘을 획득한다.

어느 지점까지는 이것이 모든 문명화한 나라들에서 인정을 받는다. 학자는 자신이 먹을 식량을 직접 재배하지 않아도 되며, 생계 유지라는 단순한 문제에 쏟는 시간과 염려를 상당한 정도로 면제받는다. 물론 어떤 정도로든 객관적인 관점의 형성이 가능한 것은 오직 이런 사회적 메커니즘을 통해서이다. 우리 모두는 생존의 조건을 충족시키지 못하는 한, 자신의 동물적 욕구에 몰두하게 된다. 하지만 그런 욕구에 얽매이지 않는 생각과 감정의 방식을 개발하기 위해서는 특정한 종류의 능력을 가진 사람들이 자유로워야 한다는 점이 그 유용성을 인정받게 되었다. 어느 정도는 분야를 막론한 학문의 습득을 통해 이런 공감대가 형성되었지만, 이를 완전히 정착시킨 것은 철학의 특성인 일종의 종합적인 탐구였다.

세계에 대한 다른 그림들

과거 위대한 철학자들이 이룩해놓은 사상 체계들을 읽어보면, 특정한 종류의 상상력을 가진 사람들에게 좋아 보였던 각기 다른 세계상들이 많았다는 것을 발견하게 된다. 어떤 사람들은 세계에는 오직 마음만 존재할 뿐이며 물리적 대상들은 실제로 환영이라고 생각해왔다. 다른 사람들은 이 세계에 물질만 존재할 뿐이며 우리가 '마음'이라고 부르는 것은 특정한 물질이 작동하는 특이한 방식에 불과하다고 생각해왔다. 지금 나는 세계를 바라보는 이런 방식들 중 어느 하나가 다른 것보다 진실에 더 가깝다거나 더 바람직하다고 말하고 싶은 것이 아니다. 내가 말하고자 하는 것은, 이처럼 다양한 세계상들을 이해하는 연습을 하면 마음의 폭이 넓어져 새롭고 풍부한 가설들을 더욱 잘 받아들일 수 있게 된다는 점이다.

비록 실패하는 경우가 종종 있긴 하지만, 철학이 가져야 하는 또 하나의 지적인 용도가 있다. 철학은 인간이 오류를 범하기 쉽다는 점에 대한 깨우침과 교육받지 않은 이들에게는 의심할 여지가 없어 보이는 많은 것들이 실은 불확실하다는 깨우침을 인간들에게 주어야 한다. 아이들이 처음에는 지구가 둥글다는 것을 믿지 않으려 하면서 자기 눈에는 지구가 평평해 보인다고 강하게 우긴다는 점을 상기해보라.

내가 염두에 두고 있는 불확실성은 사회 체제나 신학 같은 분야에 더욱 중요하게 적용되는 것이다. 객관적으로 사고하는 습관을 획득했을 때 우리는 타인들의 믿음을 바라볼 때와 같은 객관성을 가지고 우리의 국가나 우리의 계급 혹은 우리의 종교가 가진 일반적인 믿음들을 바라볼 수 있게 된다. 매우 확고하고 열렬하게 주장되는 믿음은 최소한의 근거밖에 없는 믿음인 경우가 아주 많다. 큰 집단 하나가 A를 믿고 또 다른 큰 집단은 B를 믿을 때, 각 집단은 상대방이 너무나 명백하게 어리석은 것을 믿는다며 서로를 혐오하는 경향이 있다.

이런 경향에 대한 최선의 치유법은 근거에 입각하여 사고하되, 근거가 부족할 때는 확실성을 포기하는 것이다. 이것은 신학적인 믿음과 정치적인 믿음뿐만 아니라 사회적 관습에도 적용된다. 인류학의 연구 결과들은 지구상에 놀랄 만큼 다양한 사회적 관습들이 존재한다는 것, 그리고 여러 사회들이 인간의 본성에 반하는 습관들을 고수할 수 있다는 사실을 보여준다. 이런 유의 지식은 독단론(dogmatism)에 대한 해독제로서 매우 소중하며, 특히 적대적인 독단론들이 인류를 위협하는 주된 위험이 되고 있는 우리 시대에는 더더욱 그러하다.

객관적 사고의 성장과 밀접하게 병행되는 것은 객관적 감정의 성장이다. 이것은 객관적 사고와 동등하게 중요하며, 객관적 사고와 마찬가지로 특정한 철학적 관점으로부터 파생되어야 한다. 우리의 욕망은 우리의 감각처럼 원래부터 자기중심적이다. 욕망의 자기중심적 특성은 우리의 윤리에 걸림돌이 된다. 감정에도 사고의 경우에서처럼 우리가 목표로 해야 하는 것은 생명 유지에 필요한 동물적 장치의 완전한 부재가 아니라, 거기에다 좀더 폭넓고 보편적이며 개인적인 조건에 덜 얽매인 어떤 것을 더하는 것이다. 타인의 자녀들에 대한 애정보다 자신의 자녀들에 대한 애정을 덜 가지고 있는 부모를 우리가 존경할 수는 없지만, 자기 자녀들에 대한 사랑에서 출발하여 일반적인 자비심으로 나아가는 사람은 존경해야 한다. 우리는 영양실조가 될 정도로 음식에 너무나 무관심한 사람(만약 그런 사람이 존재한다면)을 존경할 수는 없지만, 음식에 대한 자신의 욕구에서 출발하여 굶주림에 대한 일반적인 연민으로 나아간 사람은 존경해야 한다.

철학이 감정의 문제들에 해야 하는 것은 그것이 사고의 문제들에 해야 하는 것과 아주 유사하다. 철학은 개인의 삶에서 뭔가를 빼는 것이 아니라 더해야 한다. 철학자들의 지적 탐구가 교육받지 못한 이들의 그것보다 더 폭넓은 것처럼, 그의 욕망과 관심의 범위도 더 폭넓어야 한다. 붓다는 단 한 명의 중생이라도 고통을 받는 한 자신이 행복할 수 없다는 말을 했다고 한다. 문자 그대로 받아들이자면 이것은 극단적인 지점까지 나아간 것이고 지나친 것일 테지만, 내가 말하고 있는 감정을 보편적으로 표현한 것이다. 사고뿐만 아니라 감정에 대해서도 철학적인 방식을 획득한 사람은 자신의 경험에 비춰 어떤 것이 자신에게 좋고 나쁜지를 알 것이며, 자신뿐만 아니라 타인을 위해서도 좋은 것은 취하고 나쁜 것은 피할 것이다.

사회적 발전의 뿌리

과학과 마찬가지로 윤리는 보편적이어야 하며, 인간이 가진 능력의 범위 내에서 가능한 한 '지금 여기'의 폭정으로부터 해방되어야 한다. 윤리적 교훈들을 검증하는 한 가지 단순한 규칙이 있다. 그 규칙은 '어떤 윤리적 가르침도 고유명사를 포함해서는 안 된다'는 것이다. 이때 고유명사란 특정한 시공간의 일부분을 지칭하는 이름을 의미한다. 이것은 개별적 인간의 이름일 뿐만 아니라 지역과 나라, 역사적 기간의 이름이기도 하다. 그리고 윤리적 가르침들이 이런 특성을 가져야 한다고 말하는 것은 차가운 지성적 동의를 넘어서는 어떤 것이 필요하다는 것을 의미한다. 만일 어떤 윤리적 가르침이 지성적 동의를 받는 데 그친다면, 그것은 사람들의 행동에 아주 미미한 영향만을 미칠 것이기 때문이다. 내 말은 좀더 적극적인 그 무엇, 실제 욕망이나 충동이라는 본성 속에 있는 그 무엇, 타인과 공감하는 상상력 속에 뿌리를 내리고 있는 그 무엇이 필요하다는 뜻이다.

대부분의 사회적 발전은 이처럼 보편적인 감정에서 비롯되었고, 또 그로부터 비롯되어야 한다. 만일 당신의 희망과 소망이 자신이나 가족 혹은 국가나 계급이나 종교에 국한되어 있다면 당신이 가진 모든 애정과 감정 바로 옆에 혐오감과 적개심이 나란히 붙어 있는 것을 발견하게 될 것이다. 인간의 감정들 속에 있는 그러한 이중성에서 잔인함, 압제, 박해, 전쟁 같은 세상의 주요한 악이 모두 생겨난다. 만일 우리 세계가 그것을 위협하는 재앙에서 벗어나려면 사람들이 타인들과 더 공감하는 법을 배워야만 한다.

어떤 시대가 되었건 이것은 어느 정도 들어맞는 진실이었지만, 지금은 과거 어느 때보다도 더 절실하게 들어맞는 진실이다. 인류는 과학과 과학적 기술 덕분에 악을 위해서는 하나가 되었지만 선을 위해서는 아직 하나가 되지 못했다. 인류는 전 세계적인 상호 파괴라는 기술은 배웠지만 전 세계적인 상호 협력이라는 더 바람직한 기술은 배우지 못했다. 이런 바람직한 기술을 배우지 못한 것은 인류가 감정의 한계 안에, 자신이 속한 집단에만 공감을 한정하는 습관 안에, 그리고 다른 집단들에 대한 증오와 공포에 빠지는 심리에 갇혀 있기 때문이다.

지금 우리가 가진 기술로 전 세계적인 협력을 한다면 빈곤과 전쟁을 추방할 수 있으며, 모든 인류에게 여태까지 존재한 적이 없는 수준의 행복과 복지를 가져다줄 수 있다. 이것이 분명한 사실임에도 인간들은 여전히 자신이 속한 집단에만 그런 협력을 국한하고 있으며 다른 집단들을 향한 격렬한 적개심에 빠져 있다. 그리고 그 적개심은 우리의 일상을 재앙에 대한 끔찍한 예감으로 가득 채운다. 모든 사람들의 이익을 위해 행동하지 못하는 어리석고 비극적인 무능함은, 외부적인 어떤 것에서가 아니라 우리 자신의 감정적 본성에서 유래한 것이다. 만일 우리가 미래를 내다보는 순간들마다 과학자들이 그러하듯 객관적인 감정을 가질 수 있다면, 우리 자신의 이익이 타인들의 이익과는 공존할 수 있지만 그들을 파멸시키겠다는 욕망과는 공존할 수 없다는 것을 인식하게 될 것이다.

우리 시대의 커다란 악들 가운데 하나인 광신적 독단론은 원래 지적인 결함이며, 내가 앞서 말했던 것처럼 철학에서 지적인 해독제를 공급받아야 하는 결함이다. 이 밖의 많은 독단론들도 공포라는 감정적인 원천을 가지고 있다. 사람들은 가장 긴밀한 사회적 통합만이 적과 맞서는 타당한 방법이며, 조금만 독단에서 벗어나도 자신들이 수행하는 전쟁에서 세력이 약화되리라고 느낀다. 겁에 질린 대중은 너그러울 수 없는 대중이다. 이런 점에서 나는 그들이 현명하지 못하다고 생각한다. 공포가 이성적인 행동을 고무하는 경우는 거의 없지만, 공포가 대중이 두려워하는 바로 그 위험을 증대시키는 행동을 고무하는 경우는 매우 흔하다.

이것은 세계의 넓은 지역에 퍼져나가고 있는 비이성적 독단론에도 확실히 들어맞는 이야기이다. 위험이 실제로 존재하는 곳에서는 철학이 만들어내야 하는 객관적인 감정이 최선의 치료제가 된다. 아마도 내가 지금 말하고 있는 감정의 방식을 가장 잘 보여준 사례가 될 스피노자는 언제나 평온을 유지했으며, 삶의 마지막 날에도 그가 건강할 때 보여주었던 것과 같은 타인에 대한 다정한 관심을 잃지 않았다. 개인적 삶을 넘어 희망과 소망을 폭넓게 확장시키는 사람은 그보다 더 제한적인 욕망을 가진 사람들이 품는 것과 같은 공포에 시달리는 일이 없다. 그는 자신이 죽으면 다른 사람들이 자신의 일을 계속할 것이며, 과거에 발생했던 가장 막대한 재앙들조차 조만간 극복될 거라고 사유할 수 있기 때문이다. 그는 인류를 하나의 통일체로 볼 수 있으며, 역사를 자연에 대한 동물적 예속 상태로부터 점진적 탈출의 과정으로 볼 수 있다.

자기만의 철학을 가지고 있는 사람이 불행 속에서도 광적인 공황상태에 빠지지 않고 절제된 인내심을 키우는 것은, 그가 철학을 가지고 있지 않았을 때보다 쉬운 일이다. 그렇다고 내가 그런 사람이 늘 행복하다고 주장하는 것은 아니다. 우리가 살고 있는 이 세상에서 늘 행복하기란 거의 불가능하기 때문이다. 그러나 진정한 철학자는 다른 사람들에 비해, 장차 닥칠 수 있는 재앙들에 대한 숙고에서 나오는 당혹스러운 절망과 압도적인 공포로부터 더 자유로울 가능성이 크다.

지식과 지혜

지식이라는 측면에서 볼 때 우리 시대가 앞선 모든 시대를 훨씬 능가하지만 지혜라는 측면에서는 그에 상응하는 발전이 없었다는 점에 대부분이 동의할 것이다. 하지만 우리가 '지혜'에 대한 정의를 내리고 그것을 촉진할 수단들을 고려하려고 시도하자마자 그러한 동의는 무산되고 만다. 그러므로 나는 먼저 지혜란 무엇인가를 질문한 다음, 그것을 가르치기 위해 무엇을 할 수 있는가를 살펴보고자 한다.

 나는 지혜에 기여하는 요소들이 몇 가지 있다고 생각하는데, 이 가운데 균형감을 가장 앞자리에 두어야 할 것이다. 균형감이란 어떤 문제의 중요한 요소들을 모두 고려하고 그 각각에 적절한 중요도를 부여하는 역량이다. 오늘날에는 다양한 기술자들에게 요구되는 전문적 지식의 범위와 복합성이 예전보다 확대되었기 때문에 균형감을 갖추기가 더욱 어려워졌다. 예컨대 당신이 의학 연구에 종사한다고 가정해보자. 그 일은 어렵기도 하거니와 당신의 지적인 에너지 전부를 빨아들일 가능성이 높다. 그러므로 당신의 발견이나 발명이 의학 분야 바깥에 미칠 수 있는 영향을 고려할 시간이 없다. 현대 의학이 그래왔던 것처럼, 당신이 유럽과 아메리카에서뿐만 아니라 아시아와 아프리카에서도 유아사망률을 엄청나게 낮추는 데 성공한다고 치자. 이것은 식량을 부족하게 만들고 세계에서 가장 인구가 많은 지역들의 생활 수준을 낮추는 등 전혀 의도치 않은 결과를 가져온다. 이번에는 현시대에 모든 사람의 마음속에 자리 잡고 있는 훨씬 더 극적인 예를 들어보자. 당신은 지식에 대한 사심 없는 관심에서 출발하여 원자의 구성을 연구하지만, 권력을 가진 미치광이의 손에 인류를 파괴할 수 있는 수단을 부수적으로 쥐어주게 된다. 지혜와 결합되지 않은 지식의 추구는 그런 식으로 유해한 것이 될 수 있다. 게다가 지식을 추구하는 전문가들이 포괄적인 시야라는 의미에서의 지혜를 반드시 갖추고 있는 것은 아니다.

포괄성만으로는 지혜를 구성하기에 충분하지 않다. 거기에는 또 인간 삶의 목적에 대한 특정한 인식이 있어야만 한다. 이것은 역사라는 학문 속에서 잘 드러날 수 있다. 많은 저명한 역사가들은 자기 나름의 열정이라는 왜곡된 수단을 통해 사실들을 바라봄으로써 이로움보다는 해로움을 끼쳐왔다. 헤겔은 포괄성이 전혀 결여되지 않은 역사철학을 가지고 있었다. 그의 역사철학은 가장 이른 시대에서 출발하여 무한한 미래로까지 이어졌기 때문이다. 하지만 그가 심어주려고 애썼던 최고의 역사적 교훈은 서기 400년부터 자기 시대에 이르기까지 독일이 세계에서 가장 중요한 국가였으며 인류 진보의 표준적인 담지자였다는 것이다. 아마도 우리는 지혜를 구성하는 포괄성을 지성뿐만 아니라 감정까지 포함하는 것으로 확장시킬 수 있을 것이다. 지식의 폭은 넓지만 감정의 폭은 좁은 사람들이 흔히 있다. 그런 사람들은 내가 지혜라고 부르는 것이 결여되어 있다.

지혜는 공적인 분야에서뿐만 아니라 사적인 생활에서도 같은 정도로 필요하다. 그것은 추구해야 할 목적을 선택하는 데에도 필요하고 개인적인 편견으로부터 해방되는 데에도 필요하다. 만일 달성할 수만 있다면 그것을 추구하는 것만으로도 고귀할 목적조차도, 본질적으로 성취가 불가능할 때에는 지혜롭지 않은 방식으로 추구될 수도 있다. 과거에 많은 사람들이 현자의 돌(philosopher's stone, 중세 연금술사들이 모든 금속을 황금으로 만들고 영생을 가져다준다고 믿었던 상상의 물질)이나 생명의 묘약을 찾는 데 자신의 인생을 걸었다. 만일 그들이 이런 것들을 발견할 수 있었다면 인류에게 대단한 혜택을 주었으리라는 점은 의심의 여지가 없지만, 사실 그들은 자신의 인생을 허비한 것이었다.

이들보다 현실적인 두 남자의 경우를 살펴보자. A씨와 B씨는 서로를 증오하고 있으며 그런 증오를 통해 서로를 파멸로 몰아가고 있다. 만일 A씨에게 가서 "왜 B씨를 미워하십니까?"라고 묻는다면, 틀림없이 그는 일부는 사실이고 일부는 사실이 아닌 B씨의 악덕들을 적은 끔찍한 목록을 내밀 것이다. 이제 B씨에게 가보기로 하자. 그 또한 이와 꼭 닮은 A씨의 악덕 목록을 내밀 것이다. 물론 여기에도 사실과 허위가 똑같은 비율로 섞여 있다. 이제 A씨에게 다시 가서 "당신이 B씨에 대해 말한 것과 똑같은 내용을 B씨도 말하고 있다는 걸 알면 놀라실 겁니다"라고 한 뒤 B씨에게 가서 같은 말을 한다고 치자. 두 사람은 상대방의 부당한 말에 충격을 받을 것이므로 서로에 대한 증오심은 더욱 커질 것이 틀림없다. 하지만 우리가 충분한 인내심과 충분한 설득력을 가지고 있다면, 각자가 정상적인 수준의 인간적 사악함을 가지고 있으며 그들이 가진 적개심이 두 사람 모두에게 해롭다는 것을 납득시킬 수 있을 것이다. 만일 이것을 해낼 수 있다면 우리는 그들의 내면에 지혜의 한 조각을 심어준 것이 된다.

나는 지혜의 핵심이 가능한 한 '지금 여기'가 휘두르는 폭정으로부터 사람들을 해방시켜주는 것이라고 생각한다. 우리는 감각의 자기중심적인 본성을 어찌할 수 없다. 시각과 청각과 촉각이 우리 몸에 단단히 묶여 있어 객관적일 수 없기 때문이다. 우리의 감정도 이와 비슷하게 우리 자신으로부터 나온다. 유아는 배고픔과 불쾌함을 느끼며 자신의 신체적 조건에만 영향을 받는다. 세월이 흐름에 따라 그 아이는 시야가 넓어진다. 또 생각과 감정이 덜 개인적이게 되고 자신의 신체적 상태에 덜 매달리게 됨에 따라 그 아이는 점점 더 커지는 지혜를 성취하게 된다. 이것은 물론 정도의 문제이다. 어떤 사람도 완전히 공평무사한 눈으로 세계를 바라볼 수는 없다. 만일 누군가가 그럴 수 있다면 생존을 유지하기 어려울 것이다. 하지만 한편으로는 시간적으로나 공간적으로 다소 떨어진 것들을 인식함으로써, 다른 한편으로는 그러한 것들을 감정적으로 잘 소화함으로써 우리는 공평무사함에 지속적으로 다가갈 수 있다. 지혜는 공평무사함에 대한 이러한 접근을 통해서 성장한다.

과연 우리는 이런 의미의 지혜를 가르칠 수 있을까? 만일 그럴 수 있다면, 지혜를 가르치는 것이 교육의 목표들 중 하나가 되어야 할까? 나는 이 두 가지 질문에 그렇다고 대답하고자 한다. 우리는 일요일마다 이웃을 마치 우리 자신처럼 사랑하라는 말을 듣는다. 주중의 나머지 6일 동안은 그 이웃을 미워하라는 권고를 받는다. 어쩌면 당신은 우리가 미워하도록 권고받는 것은 우리의 적들이지 우리의 이웃이 아니므로 이 말이 난센스라고 말할 수도 있다. 그러나 당신은 사마리아인이 우리의 이웃이라고 말하는 예화 속에서 이웃을 사랑하라는 교훈이 나왔다는 것을 기억할 것이다. 우리가 더 이상 사마리아인을 미워하고자 하는 마음이 없는 까닭에 그 우화의 핵심을 놓치기 쉽다. 만일 당신이 그것을 파악하고 싶다면, 사마리아인의 자리에 공산주의자나 반공주의자를 대입해야 한다. 우리에게 해를 끼치는 사람들을 미워하는 것이 옳다는 말에는 반대가 없을지도 모르겠다. 하지만 나는 그것이 옳지 않다고 생각한다. 만일 그들을 미워한다면 당신도 똑같이 남들에게 해를 끼치게 될 가능성이 커질 뿐이다. 또 당신이 그들로 하여금 자신의 사악한 방식을 포기하도록 유도하게 될 가능성은 아주 낮아진다. 악을 미워하는 것은 그 자체로 악에게 일종의 속박을 당하는 것이다. 그로부터 빠져나오는 길은 증오가 아니라 이해를 통해서이다. 그렇다고 내가 무저항을 옹호하는 것은 아니다. 하지만 나는 무저항이 악의 확산을 방지하는 데 효과적이려면 그것이 최고 수준의 이해와 더불어, 우리가 지키고자 하는 선한 것들을 손상하지 않는 최저 수준의 폭력과 결합되어야 한다는 점을 말하고 있는 것이다.

내가 옹호하고 있는 것과 같은 관점이 행동의 활력과 양립할 수 없다는 주장이 흔히 제기된다. 나는 이런 생각이 옳지 않다는 것을 역사가 증언한다고 생각한다. 영국의 엘리자베스 1세와 프랑스의 앙리 4세는 구교 쪽이든 신교 쪽이든 거의 모든 사람들이 광신적이었던 세상에서 살았다. 두 왕은 모두 자기 시대의 오류들로부터 자유로웠으며, 그로 인해 관용을 베풀면서도 결코 무능하지 않았다. 에이브러햄 링컨은 내가 말하는 지혜를 버리지 않고도 거대한 전쟁을 수행했다.

어느 정도까지는 지혜를 가르칠 수 있다고 나는 말해왔다. 나는 이 가르침이 기존의 도덕적 명령 속에 들어 있는 것보다 더 많은 지적인 요소를 가져야 한다고 생각한다. 증오심과 편협한 마음이 이를 품고 있는 사람들에게 미치는 파괴적인 결과들은 지식을 전달하는 과정에서 부수적으로 지적

될 수 있다. 나는 지식과 도덕이 너무 많이 분리되어서는 안 된다고 생각한다. 다양한 종류의 기술에 요구되는 특별한 지식은 지혜와 별 관련이 없다는 것은 맞는 말이다. 하지만 지혜는 그것이 전체 인간 활동 속에서 차지해야 할 제자리에 놓일 수 있도록 계산된 폭넓은 연구에 따라 교육 속에 보완되어야 한다. 최고의 기술자도 훌륭한 시민이 되어야 한다. 내가 '시민'을 언급할 때, 그것은 이런저런 종파나 국가의 시민이 아니라 세계의 시민을 의미한다.

지식과 기술이 증가함에 따라 지혜는 더욱더 많이 필요해진다. 왜냐하면 그러한 지식과 기술의 증가가 우리의 목적들을 실현시킬 수 있는 능력을 키워주므로, 만일 우리의 목적들이 현명하지 못하다면 그것은 바로 악을 행할 수 있는 능력을 키워주는 것이기 때문이다. 세계는 과거 어느 때보다 지혜를 필요로 한다. 만일 지식이 계속 증가한다면, 미래 세계는 지혜를 지금보다 훨씬 더 많이 필요로 할 것이다.

5부

정치

On Politics

정치적으로
중요한 욕망들[*]

제가 이런 제목으로 정치 이론에 대한 논의를 시작하는 것은 정치와 정치 이론에 대한 현재의 논의들이 대체로 심리학적 설명을 충분히 받아들이고 있지 않기 때문입니다. 반면에 경제적 사실들과 인구 통계, 헌법기관 등은 상세하게 설명되고 있습니다. 한국전쟁이 발발했을 때 얼마나 많은 남한 사람들과 북한 사람들이 있었는지를 알아내는 데는 아무런 어려움이 없습니다. 적절한 책을 찾아보면 그들의 1인당 평균 소득은 얼마였고, 남북한이 각각 보유한 군대의 규모는 어떠했는지 확인할 수 있을 것입니다. 하지만 여러분이 다음과 같은 질문에 대해 알고자 한다면 어떻게 해야 할까요? 한국인은 어떤 종류의 사람인가, 북한 사람과 남한 사람 사이에 어떤 주목할 만한 차이가 있는가, 그들 각자가 인생에서 원하는 바는 무엇인가, 그들의 불만은 무엇인가, 그들은 무엇을 희망하고 무엇을 두려워하는가, 이런 질문들 말입니다. 한마디로 말해 '그들을 움직이게 하는 것'이 무엇인지를 알

---

[*] 노벨문학상 수락 연설문.

고자 한다면 참고도서들을 찾아봐도 아무 소용이 없을 것입니다. 따라서 여러분은 남한 사람들이 유엔의 개입을 열광하고 있는지, 아니면 북쪽에 있는 자기네 사촌들과의 통일을 선호할 것인지를 알 수 없습니다. 혹은 그들이 전혀 들어본 적도 없는 어떤 정치인에게 투표하는 특권을 누리기 위해 농지 개혁을 기꺼이 포기할 것인지도 추측할 수 없습니다.

주민들에게 종종 실망을 안겨주는 것은 멀리 수도에 앉아 있는 저명한 사람들이 그런 질문들을 무시하는 행태입니다. 만일 정치가 더욱 과학적이려면, 그리고 정치적 사건이 끊임없이 사람들을 놀라게 하지 않으려면, 우리의 정치적 사유가 인간 행동의 원천 속으로 깊이 파고들어가야 합니다. 굶주림은 정치적 구호들에 어떤 영향을 미칠까요? 그 구호들의 효과는 사람들이 먹는 음식의 열량과 더불어 어떻게 등락할까요? 만일 어떤 사람이 민주주의를 제시하고 또 다른 사람은 곡식 한 부대를 제시한다면, 주민들은 어느 정도나 굶주려야 투표보다 곡식을 선호하게 되는 걸까요? 이러한 질문들은 너무나 적은 관심을 받고 있습니다. 그럼 이제 한국인들은 잊어버리고 인류에 대해 생각해봅시다.

인간의 모든 행위는 욕망이나 충동이 촉발합니다. 의무와 도덕적 원칙을 위해 욕망에 저항하는 것이 가능하다는 취지로 일부 열렬한 도덕주의자들이 전개하는 완전히 잘못된 이론이 있습니다. 제가 이것이 잘못된 이론이라고 말하는 것은, 어떤 사람도 의무감에서 우러난 행동을 하지 않기 때문이 아니라, 그에게 의무에 충실하고자 하는 마음이 없다면 의무는 그에게 아무런 힘을 발휘하지 못하기 때문입니다. 만일 사람들이 무엇을 할 것인지 알고 싶다면, 그들의 물질적 환경뿐만 아니라 각각 나름대로 힘을 가진 욕망들의 전체 체계를 알아야만 합니다.

매우 강력하긴 하지만 정치적으로 그다지 중요하지 않은 욕망들이 있습니다. 대부분의 남자들은 인생의 어느 시기에 결혼하고 싶은 욕망을 갖지만, 그들은 대체로 어떤 정치적 행동을 취하지 않고도 이 욕망을 충족시킬 수 있습니다. 물론 거기에는 예외들이 있습니다. 사빈(Sabine) 족 여성들에 대한 납치가 여기에 해당되는 사례입니다[신생 로마는 인구를 늘리기 위해 사빈 족 여성들을 납치했다. 딸들을 되찾으려는 사빈 족과 아내들을 지키려는 로마 사이에 전쟁이 벌어지자 이 여성들이 아이들을 데리고 두 군대가 대치한 전선에 몸을 던짐으로써 전쟁을 막았다는 전설이 전해진다]. 또 오스트레일리아 북부의 개발은 그 일을 담당해야 할 젊은 남자들이 여자가 없는 그곳의 상황을 싫어하기 때문에 심각하게 지연되고 있습니다. 하지만 이런 사례들은 흔하지 않으며, 일반적으로 남성들과 여성들이 서로에 대해 갖는 관심은 정치에 거의 영향을 주지 못합니다.

정치적으로 중요한 욕망들은 일차적인 그룹과 부차적인 그룹으로 나눌 수 있습니다. 일차적인 그룹에는 식량과 집과 옷처럼 생명 유지에 필수적인 것들이 포함됩니다. 이러한 것들이 부족해질 때 그것을 확보하려고 사람들이 기울이게 될 노력이나 드러내게 될 폭력성에는 한계가 없습니다. 고대사를 연구하는 학자들은 아라비아에서 네 차례 발생한 큰 가뭄 때문에 그곳 주민들이 주변 지역들로 흘러 들어감으로써 엄청난 정치적·문화적·종교적 영향을 미쳤다고 말합니다. 이 가운데 마지막 경우는 이슬람제국의 부상으로 이어졌습니다. 게르만 족이 러시아로부터 영국으로, 그리고 샌프란시스코까지 점진적으로 퍼져나간 데에도 비슷한 동기가 작용했습니다. 먹을 것에 대한 욕망이 정치적 대사건들의 주요한 원인이었으며 지금도 그렇다는 것은 의심할 여지가 없습니다.

그러나 인간은 한 가지 매우 중요한 측면에서 동물과 구별됩니다. 그것은 바로 인간이 무한하면서도 결코 충족될 수 없으며, 심지어 낙원에서조차 그를 불안하게 만드는 욕망들을 가지고 있다는 점입니다. 보아뱀은 적당한 먹이를 삼키고 나서 잠이 들면 또 다른 먹이가 필요할 때까지 깨어나지 않습니다. 하지만 인간은 대부분의 경우 그렇지 않습니다. 약간의 대추열매에 의지하여 빠듯하게 사는 데 익숙했던 아랍인들은 동로마제국의 거대한 부를 획득한 뒤 믿기 어려울 정도로 호사스러운 궁전에 거주하게 되었지만, 그들이 이 때문에 수동적으로 바뀌지는 않았습니다. 고개만 까딱하면 그리스인 노예들이 진수성찬을 대령했으므로 굶주림은 더 이상 그들을 움직이는 동기가 될 수 없었습니다. 하지만 다른 욕망들이 그들을 계속해서 왕성하게 활동하도록 만들었습니다. 구체적으로 네 가지에 이르는 그 욕망들을 우리는 소유욕, 경쟁심, 허영심, 권력욕이라고 이름 붙일 수 있습니다.

가능한 한 많은 재화나 재화에 대한 소유권을 갖고자 하는 것을 의미하는 소유욕은 공포와 필수품에 대한 욕망이 결합한 데서 비롯된 동기라고 생각됩니다. 언젠가 저는 에스토니아에서 온 어린 소녀 둘과 친하게 지낸 적이 있습니다. 가뭄으로 인한 굶주림 끝에 겨우 죽음에서 벗어난 그 아이들이 우리 집에서 지내게 되었는데 당연히 먹을 것은 풍족했습니다. 하지만 그들은 틈만 나면 이웃 농장들로 가서 감자를 훔쳐다 숨겨두었습니다. 유년기에 엄청난 빈곤을 겪었던 미국의 갑부 록펠러 역시 어른이 된 이후에 그런 방식으로 살았습니다. 실크로 만든 비잔틴 양식의 보료 위에 앉은 아랍의 족장들도 이와 비슷하게 사막에서의 생활을 잊지 못하고 물리적으로 필요한 정도를 훨씬 넘어서는 재물을 쌓았습니다. 그러나 소유욕에 대한 정신분석학적 진단이 뭐가 되었건, 그것이 인간 행동의 커다란 동기들 가운데 하나라는 것은 아무도 부인할 수 없습니다. 앞서 말씀드린 것처럼, 소유욕이 무한한 욕망인 까닭에 특히 권력을 더 많이 가진 사람들에게 중요한 동기가 되는 것입니다. 아무리 많은 재물을 가지고 있다 하더라도 더 많이 갖고 싶은 것이 사람의 마음입니다. 포만감은 언제나 우리를 유혹하는 꿈입니다.

비록 소유욕이 자본주의 체제의 주동력이긴 하지만, 그것이 굶주림을 정복하는 과정에서 유래한 가장 강한 욕망은 결코 아닙니다. 경쟁심이 이보다 훨씬 더 강한 욕망이기 때문입니다. 이슬람 세계의 역사에서 역대 왕조들은 거듭해서 비극을 맞이했습니다. 어머니가 다른 술탄의 아들들은 의견의 일치를 볼 수 없었고, 이에 따른 내전 속에서 그 왕조들이 총체적인 파탄에 이르렀습니다. 같은 일이 현대 유럽에서도 벌어졌습니다. 영국 정부가 현명하지 못하게도 독일 황제〔영국 빅토리아 여왕의 외손자이자 독일 황제였던 빌헬름 2세〕를 스핏헤드에서 펼쳐진 해군의 관함식(觀艦式)에 초대했을 때, 그의 마음속에 떠오른 생각은 우리가 의도했던 것과 달랐습니다. 그의 내심은 '나도 할머니처럼 훌륭한 해군을 가져야겠다'는 것이었습니다. 바로 이 생각으로부터 우리의 모든 문제들이 생겨난 것입니다. 만약에 소유욕이 언제나 경쟁심보다 더 강력하다면 이 세상은 더 행복한 곳이 될 것입니다. 하지만 현실은 이와 반대입니다. 만일 자신이 가난해짐으로써 경쟁자들을 완전히 파멸시킬 수만 있다면 대다수 사람들은 즐거운 마음으로 궁핍함을 감수할 것입니다. 같은 이유에서 현재의 조세 수준이 결정되었습니다.

허영심은 막대한 힘을 지닌 욕망입니다. 어린아이들을 많이 접하는 사람이라면 그들이 끊임없이 어떤 우스꽝스러운 짓을 하고는 "날 좀 봐"라고 말한다는 것을 알 것입니다. "날 좀 봐"는 인간의 마음속에 있는 가장 근본적인 욕망들 가운데 하나입니다. 저속한 농담에서부터 사후의 명성에 이르기까지 그것은 수없이 많은 형태를 띨 수 있습니다. 르네상스 시기 이탈리아에 한 군주가 있었습니다. 죽음을 앞둔 그는 사제로부터 뭐든 후회되는 일이 있느냐는 질문을 받았습니다. 군주는 대답했습니다.

"예, 한 가지 있습니다. 언젠가 황제와 교황이 동시에 나를 찾아온 적이 있었습니다. 도시의 전망을 보여주려고 그들을 성탑으로 데려갔는데, 거기서 두 사람을 아래로 밀쳐버릴 기회를 놓쳤습니다. 만약에 그랬다면 불멸의 명성을 얻었을 텐데 말입니다."

역사는 그 사제가 군주에게 사죄(赦罪)의 의식을 베풀었는지 여부는 기술하고 있지 않습니다. 허영심에 관한 문제들 중 하나는 그것이 먹는 만큼 자라난다는 것입니다. 남들이 자신에 대해 하는 말을 많이 들을수록 그런 말을 더욱더 듣고 싶어집니다. 자신의 재판과 관련된 언론 기사를 볼 수 있도록 허용받은 사형수는 그 재판에 관해 잘못 보도한 신문을 발견하면 격분합니다. 그리고 그는 다른 신문들에서 자신의 기사를 더 많이 발견할수록 보도가 변변치 않은 신문에 대해 더욱더 분개할 것입니다. 정치인들과 작가들도 마찬가지입니다. 그들이 점점 더 유명해질수록 기사 발췌를 담당하는 대행사는 그들을 만족시키기가 더 어려워집니다. 세 살 먹은 아이에서부터 이맛살만 찌푸려도 세계가 떠는 강력한 통치자에 이르기까지 인간 생활의 전 영역에 걸쳐 미치는 허영심의 영향력은 너무나 큽니다. 인류는 심지어 신에게조차 이와 유사한 욕망을 그 속성으로 부여해왔습니다. 신도 끊임없는 찬사를 갈망한다고 상상한 것입니다.

비록 우리가 살펴본 욕망들의 영향력이 크다 할지라도 그 모두를 능가

하는 욕망이 하나 있습니다. 권력욕이 바로 그것입니다. 권력욕은 허영심과 아주 비슷하지만 결코 똑같은 것은 아닙니다. 허영심을 만족시키기 위해 필요한 것은 명예인데, 권력 없이도 명예를 갖는 것은 쉬운 일입니다. 미국에서 가장 큰 명예를 누리는 이들은 영화배우들이지만, 아무런 명예를 누리지 못하는 비미(非美)활동위원회〔Committee for Un-American Activity, 1950년대 초 조지프 매카시 의원이 이끌었던 의회 기구로 영화인과 예술가, 지식인 등을 공산주의자로 몰아 탄압했다〕가 그들의 코를 납작하게 만들 수 있습니다. 영국에서는 국왕이 수상보다 더 큰 명예를 갖지만 수상은 국왕보다 더 큰 권력을 가지고 있습니다. 많은 사람들이 권력보다 명예를 선호하지만, 대체로 이들은 권력을 선호하는 사람들보다 정국의 추이에는 영향력을 덜 미칩니다. 1814년 블뤼허〔Gebhard Leberecht von Blücher, 워털루에서 나폴레옹과 싸웠던 장군〕는 나폴레옹의 궁전들을 보고는 이렇게 말했습니다.

"이 모든 것을 갖고도 모스크바를 침공하러 가다니 바보가 아닌가."

분명 허영심도 없지 않았던 나폴레옹은 선택을 해야만 했을 때 권력을 선호했습니다. 블뤼허에게는 이 선택이 바보같이 보였던 것입니다. 권력욕은 허영심만큼이나 만족을 모르는 욕망입니다. 전능함에 가까운 능력을 가져야만 그것을 완전히 만족시킬 수 있을 것입니다. 그것은 특히 정력적인 사람들이 갖는 악덕이기 때문에 권력욕의 인과적 효과는 그것이 나타나는 빈도에 비해 지나치게 큽니다. 실로 그것은 정치적으로 중요한 사람들의 삶에서 단연코 가장 강력한 동기입니다.

권력욕은 권력을 경험함으로써 크게 증가합니다. 이는 강력한 통치자뿐만 아니라 작은 권력을 가진 사람에게도 적용됩니다. 1914년 이전의 행복했던 시기에 유복한 숙녀들이 한 무리의 하인들을 거느리고 살았을 때, 그들이 아랫사람들에게 권력을 행사하는 데서 얻는 즐거움은 나이가 들수록 점점 더 커졌습니다. 마찬가지로 어떤 독재 정권에서도 권력을 가진 자들은 권력이 제공할 수 있는 즐거움들을 경험함에 따라 점점 더 폭압적으로 변합니다. 인간들을 억누르는 권력은 그들이 하고 싶지 않은 일을 하도록 강요할 때 드러나는 것이므로, 권력욕에 추동되는 사람은 그들에게 즐거움을 허용하기보다 고통을 주는 경향이 더 큽니다. 만일 여러분이 정당한 사유로 조퇴를 하게 해달라고 상사에게 요청한다면, 그는 이 요청을 승낙하기보다 거절함으로써 자신의 권력욕을 더 크게 만족시킬 것입니다. 만일 여러분이 건축 허가를 신청한다면, 그 업무를 담당하는 말단 공무원은 '예'라고 말하기보다 '아니요'라고 말하는 데서 더 큰 즐거움을 느낄 것이 분명합니다. 이런 것들이 권력욕을 그토록 위험한 욕망으로 만듭니다.

그러나 권력욕에는 훨씬 더 바람직한 다른 측면들이 있습니다. 제가 보기에 권력욕은 지식의 추구를 추동합니다. 과학기술 분야의 모든 발전도 마찬가지입니다. 정치에서도 개혁가는 폭군만큼이나 강한 권력욕을 가질 수 있습니다. 하나의 동기로서 권력욕을 전적으로 비난하는 것은 완전한 실수가 될 것입니다. 여러분이 이 동기로 인해 유용한 행동을 하게 될지, 아니면 치명적인 행동을 하게 될지는 사회 체제와 여러분의 역량에 달렸습니다. 만일 그 역량이 이론적인 것이거나 기술적인 것이라면, 여러분은 지식이나 기술에 공헌하게 될 것이며 여러분의 활동은 대체로 유용할 것입니다. 만일 여러분이 정치인이라면 권력욕에 추동될 수도 있지만, 대체로 이 동기는 어떤 사태의 현상 유지보다 그것이 실현되는 것을 보고자 하는 욕망과 연결되어 있습니다. 알키비아데스(Alcibiades, 아테네의 정치가이자 군인으로서 펠로폰네소스 전쟁을 이끌었다) 같은 위대한 장군들은 어느 편에서 싸우는지에 대해 무관심할 수 있지만, 대부분의 장군들은 자신의 조국을 위해 싸우는 편을 선호했으므로 그들은 권력욕 외의 다른 동기들을 가지고 있었던 것입니다. 정치인이 항상 다수파에 속하려는 목적으로 자주 진영을 바꿀 수도 있지만, 대부분은 특정 정당을 선호하고 있으며 자신의 권력욕을 거기에 복속시킵니다.

최대한 순수함에 가까운 권력욕은 다양한 유형의 사람들에게서 찾아볼 수 있습니다. 그중 하나는 '직업군인' 유형으로, 나폴레옹이 그 최고의 사례입니다. 내 생각에는 나폴레옹이 고향인 코르시카보다 프랑스를 이념적으로 더 좋아했던 것은 아니지만, 만일 그가 코르시카의 황제가 되었다면 프랑스인처럼 행세함으로써 가능했던 것만큼 위대한 사람이 되지는 못했을 것입니다. 하지만 그런 인간들은 허영심에서도 엄청난 만족을 얻기 때문에 그다지 순수한 권력욕의 사례라고 볼 수 없습니다. 가장 순수한 유형은 옥좌 뒤에 있는 권력인 '숨은 실력자' 유형입니다. 그들은 결코 대중 앞에 나서지 않으며, '저 하찮은 꼭두각시들이 누가 줄을 조종하는지 어떻게 알까'라는 식의 은밀한 생각을 하고 있을 뿐입니다. 1890년부터 1906년까지 독일 제국의 외교 정책을 주물렀던 홀슈타인 남작이 이 유형을 완벽하게 보여주었습니다. 그는 빈민가에 살았으며 공식적으로 모습을 드러내지 않았습니다. 황제의 끈덕진 요구에 어쩔 수 없이 응했던 단 한 번을 제외하고는 황제와의 만남조차 피했습니다. 그는 입고 갈 궁정복이 없다는 이유를 내세워 궁정 행사에 참석해달라는 초대를 모두 거절했습니다. 그는 수상을 비롯한 황제의 많은 측근들을 협박할 수 있는 비밀들을 수집했습니다. 그는 부나 명성 혹은 다른 명백한 이득을 얻기 위해서가 아니라 자신이 선호하는 외교 정책의 채택을 강요하기 위해서만 협박의 힘을 사용했습니다.

동양에서는 환관들 가운데 이와 유사한 인물들이 적잖이 있었습니다.

지금까지 우리가 살펴본 욕망들보다 어떤 의미에서는 덜 근본적이지만 그래도 상당히 중요한 다른 욕망들을 검토할 순서가 되었습니다. 인간은 권태를 느끼는 능력에서 짐승들보다 우월하다는 것을 보여줍니다. 동물원에 있는 유인원들을 관찰했을 때, 그들도 이런 지루한 감정의 싹을 가지고 있다고 가끔 생각한 적이 있기는 합니다. 어쨌거나 권태에서의 탈출은 거의 모든 인간들이 가진 참으로 강력한 욕망들 중 하나라는 것은 경험에 비춰 알 수 있습니다. 백인들이 때 묻지 않은 원주민 부족을 처음 만났을 때, 그들은 복음에서부터 호박파이에 이르는 온갖 것을 선물했습니다. 하지만 유감스럽게도 대부분의 원주민들은 이것들을 무덤덤하게 받았습니다. 우리가 그들에게 가져다준 선물들 가운데 그들이 정말로 소중하게 여겼던 것은 알코올이 든 액체였습니다. 이것은 그들의 인생에서 처음으로, 죽는 것보다 사는 것이 좋다는 환상을 잠깐 동안 갖게 해주었습니다. 백인들의 영향을 받기 이전, 아메리카 원주민들은 곰방대로 담배를 피웠습니다. 그들은 우리처럼 차분한 방식이 아니라 시끌벅적한 분위기 속에서 실신할 정도로 깊이 담배연기를 흡입했습니다. 이윽고 니코틴이라는 수단에 의한 흥분이 사라지고 나면, 애국적인 예언자가 이웃 부족을 공격하도록 그들을 선동하곤 했습니다. 이런 공격을 통해 그들은 우리가 (우리의 기질에 맞춰) 경마나 선거에서 취하는 그 모든 쾌락을 얻곤 했습니다.

도박의 쾌락은 거의 전적으로 흥분에 있습니다. 웍 신부(Évariste Régis Huc, 프랑스의 가톨릭 선교사이자 여행가로서 중국과 타르타르, 티베트에 관한 여행기를 썼다)는 겨울철 만리장성 부근에 있던 장사꾼들에 대해 기술했습니다. 그들은 가진 돈을 모두 잃고는 자신들의 상품마저 죄다 잃을 때까지 도박을 했으며, 이것으로도 모자라 입은 옷까지 다 날리고는 발가벗은 채 밖으로 나가 얼어 죽었다고 합니다. 원시적인 아메리카 인디언들만큼이나 문명인들에게도, 전쟁이 발발할 때 대중을 환호하게 만드는 것은 주로 '흥분에 대한 애호'라는 생각이 듭니다. 비록 그 결과가 좀더 심각한 경우는 있지만 이 감정은 축구 경기에서 느끼는 것과 정확히 같은 감정입니다.

흥분에 대한 애호의 근본적인 원인이 무엇인지를 확정하는 것이 전적으로 쉬운 일은 아닙니다. 저는 우리의 정신적 기질이 과거에 우리가 사냥으로 살아가던 단계에 맞춰져 있다고 생각하고 싶습니다. 매우 원시적인 무기를 든 어떤 남자가 저녁식사로 잡아먹겠다는 희망 속에서 사슴을 뒤쫓느라 긴 하루를 보냈을 때, 그리고 날이 저물 무렵 의기양양하게 그 사슴의 사체를 동굴로 끌고 갔을 때, 아내가 그 고기를 손질하고 요리하는 동안 그는 기분 좋은 피로감을 느끼며 휴식을 취했습니다. 졸음이 밀려오고 삭신은 쑤시지만 고기를 요리하는 냄새가 의식의 구석구석을 파고들었습니다. 그런 생활에서는 권태를 느낄 시간도 기력도 없었습니다. 하지만 농사를 시작하게 되고 자기 아내를 밭에 보내 힘든 일을 모두 시키게 되었을 때, 그는 인생의 허무함을 깊이 생각하고 신화들과 철학 체계들을 고안해낼 시간을 갖게 되었으며, 영원히 발할라의 보아뱀을 사냥하게 될 사후의 삶을 꿈꿀 시간을 갖게 되었습니다.

우리의 정신적 기질은 아주 심한 육체노동을 하는 생활에 맞춰져 있습니다. 지금보다 좀더 젊었을 때 저는 휴일을 온통 걷기로 보내곤 했습니다. 하루에 40킬로미터를 걸었는데, 저녁이 되면 권태를 피하기 위한 어떤 것도 필요하지 않았습니다. 늘어지게 앉아서 쉬는 즐거움만으로도 충분했기 때문입니다. 하지만 현대적인 생활은 이처럼 육체적으로 힘겨운 방식으로는 영위될 수 없습니다. 많은 일들을 앉아서 하며 대부분의 육체노동은 몇몇 특화된 근육들만 사용합니다. 트라팔가 광장에 모여 자신들을 죽여주겠다는 정부의 발표에 환호하는 군중이 만일 거기에 가려고 온종일 40킬로미터를 걸었다면 그러지는 못할 것입니다. 하지만 인간의 호전성에 대한 이런 해결책은 비현실적인 것이며, 만일 인류가 살아남으려 한다면(어쩌면 바람직하지 않은 것일 수도 있겠지만) 흥분에 대한 애호를 낳는 여분의 육체적 에너지를 발산할 합법적인 출구를 확보하기 위한 다른 수단들을 찾아야 합니다. 이것은 도덕주의자들도, 사회개혁가들도 너무나 소홀하게 고려해왔던 문제입니다. 사회개혁가들은 자신들이 이보다 더 진지한 것들을 고민해야 한다는 의견을 가지고 있습니다.

한편 도덕주의자들은 이 욕망의 배출을 위해 허용된 모든 출구들의 심각성에 대해 깊은 인상을 받고 있습니다. 하지만 그들의 마음속에서 이 심각성은 죄악의 심각성입니다. 그들의 말을 곧이곧대로 받아들인다면, 댄스홀과 영화관과 현대 재즈 음악은 모두 지옥으로 통하는 문이므로 우리는 집안에 들어앉아 우리의 죄를 반성하는 데 여가시간을 보내야 할 것입니다. 저는 이런 경고들을 던지는 심각한 사람들의 의견에 전적으로 동의할 수 없습니다. 악마는 여러 가지 형상을 취합니다. 어떤 형상은 젊은이들을 기만하도록 만들어지지만 어떤 형상은 늙고 진지한 사람들을 기만하도록 만들어집니다. 만일 인생을 즐기는 젊은이들을 유혹하는 것이 악마라면, 늙은이들을 꼬드겨서 젊은이들의 즐거움을 비난하게 만드는 것도 같은 인물이 아닐까요? 그리고 비난은 노년에 적합한 흥분의 형식에 불과한 것 아닐까요? 혹시 그것이 아편처럼, 바라는 효과를 얻기 위해 점점 더 많은 양을 써야 하는 마약은 아닐까요? 우리가 영화관의 해악에서 시작하여 반대

정당, 스페인인, 이탈리아인, 아시아인, 요컨대 우리 클럽 회원을 제외한 모든 사람들을 차례차례 비난하게 되는 것은 아닐까요? 이런 비난들이 확산되면 전쟁으로 이어지는 것입니다. 저는 댄스홀에서 비롯되었다는 전쟁은 전혀 들어보지 못했습니다.

흥분과 관련하여 심각한 점은 그것의 많은 형식들이 파괴적이라는 것입니다. 그것은 과도한 알코올이나 도박에 저항하지 못하는 사람들에게 파괴적입니다. 그것은 군중의 폭력이라는 형식을 취할 때 파괴적입니다. 그리고 무엇보다 그것은 전쟁으로 이어질 때 파괴적입니다. 흥분은 너무나 깊은 욕구이기 때문에 만일 가까운 곳에 합법적인 출구가 없다면 이런 해로운 출구를 찾게 될 것입니다. 요즘에는 스포츠 같은 합법적 출구들이 있습니다. 합법적인 범위 안에서 진행되기만 한다면 정치도 마찬가지입니다. 하지만 이들만으로는 충분하지 않습니다. 특히 가장 흥미진진한 정치는 가장 해로운 정치이기 때문입니다. 문명화한 생활은 너무나 재미없는 것이며, 그것이 안정을 유지하기 위해서는 우리의 먼 선조들이 사냥을 하면서 만족시켰던 충동들을 분출하기 위한 무해한 출구들을 제공해야 합니다. 저는 인간이 적고 토끼가 많은 호주에서 주민들 모두가 몇천 마리 토끼를 솜씨 있게 죽임으로써 원시적인 방식으로 원시적인 충동을 충족시키는 광경을 지켜본 적이 있습니다. 하지만 사람이 많고 토끼가 적은 런던이나 뉴욕에서 원시적인 충동을 충족시키려면 다른 수단들을 찾아야 합니다.

저는 큰 도시들마다 사람들이 허술한 카누를 타고 떨어질 수 있는 커다란 인공폭포와 기계로 만든 상어들로 가득한 수영장을 보유해야 한다고 생각합니다. 예방적인 전쟁(preventive war, 타국의 침략을 막기 위해 선제적으로 공격하는 것)을 지지한다고 적발된 사람은 누구나 하루에 두 시간 동안 이 정교한

괴물들과 지내는 벌에 처해야 합니다. 좀더 진지하게 말하자면, 흥분에 대한 애호를 배려해 건설적인 출구들을 제공하는 데 노력을 기울여야 한다는 것입니다. 세상의 어떤 것도 갑작스러운 발견이나 발명만큼 우리를 흥분시키지는 못하며, 생각보다 훨씬 더 많은 사람들이 그런 순간들을 경험할 수 있습니다.

유감스럽게도 인간이 빠지기 쉬운 두 가지 밀접한 열정들이 다른 많은 정치적 동기들과 서로 얽혀 있습니다. 공포와 증오가 바로 그것입니다. 우리가 두려워하는 것들을 증오하는 것은 정상적인 현상이며, 우리가 증오하는 것들을 두려워하는 것은 늘 벌어지지는 않지만 자주 벌어지는 일입니다. 원시인들이 무엇이든 친숙하지 않은 것들을 두려워하고 증오하는 것은 하나의 법칙으로 받아들일 수 있다고 생각됩니다. 원시적인 사람들은 나름의 집단을 가지고 있으며, 그것은 원래 아주 작은 집단입니다. 그리고 한 집단 내부에서는 특별히 적개심을 가질 만한 이유가 없는 한 모두가 친구입니다. 다른 집단들은 잠재적이거나 실질적인 적이며, 그 구성원들 중 단 한 명이라도 우연히 길을 잃고 들어온다면 죽임을 당합니다. 일반적으로, 낯선 집단에 대해서는 상황에 따라 피하거나 싸움을 벌이게 됩니다. 지금도 외국에 대한 우리의 본능적 반응을 통제하는 것은 바로 이 원시적인 기제입니다. 전혀 여행을 해보지 않은 사람은 모든 외국인들을 야만인으로 간주할 것입니다. 하지만 여행을 해보았거나 국제정치를 공부한 사람은 자신의 집단이 번창하려면 어느 정도는 다른 집단들과 연합해야 한다는 걸 발견하게 될 것입니다. 만일 여러분이 영국인이고 누군가가 여러분에게 이렇게 말했다고 칩시다.

"프랑스인들은 당신들의 형제입니다."

여러분에게 제일 먼저 떠오르는 본능적인 느낌은 다음과 같을 것입니다.

'말도 안 돼. 그들은 어깨를 으쓱거리며 프랑스어를 한다고. 게다가 개구리를 먹는다는군.'

만일 그 사람이 우리가 러시아인들에 맞서 싸워야 할 수도 있고 그에 따라 라인 강 전선을 방어해야 하며, 라인 강 방어선을 유지하기 위해서는 프랑스인들의 도움이 매우 중요하다고 말한다면, 여러분은 그 사람이 '프랑스인들은 당신들의 형제'라고 말했을 때 의미했던 바를 알게 될 것입니다. 하지만 다른 사람이 뒤이어서 러시아인들도 여러분의 형제라고 말한다면, 우리가 화성인들의 위협을 받지 않는 한 그가 여러분을 설득할 수는 없을 것입니다. 우리는 우리의 적을 증오하는 사람들을 사랑하며, 만일 우리에게 적이 없다면 우리가 사랑해야 할 사람들도 매우 적을 것입니다.

하지만 이 모든 것은 오직 다른 인간들과 관련될 때에만 맞는 말입니다. 우리는 보잘것없는 양식을 마지못해 산출한다는 이유로 땅을 우리의 적으로 간주할지도 모릅니다. 우리는 대자연을 적으로 여기면서 인간의 삶이란 그것을 이기기 위한 투쟁이라고 상상할지도 모릅니다. 사람들이 삶을 이런 식으로 본다면 전체 인류의 협력은 쉬워질 것입니다. 또 학교와 신문과 정치인이 이 목적을 위해 헌신한다면 사람들은 쉽사리 이런 식으로 삶을 바라볼 수 있을 것입니다. 하지만 학교는 애국심을 가르치기 위해 존재합니다. 신문은 흥분을 선동하기 위해 존재합니다. 그리고 정치인은 재선되기 위해 존재합니다. 그러므로 이 셋 가운데 어떤 것도 인류를 공멸로부터 구하기 위한 방향으로는 아무것도 할 수 없습니다.

두려움에 대처하는 두 가지 방법이 있습니다. 하나는 외부적인 위험을 줄이는 것이고 다른 하나는 금욕적인 인내심을 기르는 것입니다. 즉각적인 행동이 필요한 경우를 제외하면, 금욕적인 인내심은 우리의 생각을 두려움의 원인에서 다른 곳으로 돌림으로써 강화할 수 있습니다. 두려움을 정복하는 것은 매우 중요합니다. 두려움은 그 자체로 모욕적입니다. 두려움은 쉽사리 집착으로 변합니다. 두려움은 그 대상에 대한 증오를 낳으며, 증오는 무모하게도 지나친 잔혹 행위로 이어집니다. 그 어떤 것도 안전만큼 인간에게 유익한 효과를 미치는 것은 없습니다. 만일 전쟁의 공포를 제거할 국제적인 체제가 설립될 수 있다면, 평범한 사람들의 일상적인 심리 상태에는 엄청나고 매우 신속한 향상이 이루어질 것입니다.

지금 전 세계에 공포가 드리워져 있습니다. 경우에 따라 사악한 공산주의자들 혹은 사악한 자본주의자들이 휘두를 수 있는 원자폭탄과 생화학폭탄은 워싱턴과 크렘린을 떨게 만들며, 죽음의 깊은 심연에 이르는 길로 사람들을 더욱더 몰아가고 있습니다. 이런 상황을 개선하기 위한 첫 번째 핵심적인 단계는 공포를 줄일 수 있는 방법을 찾는 것입니다. 지금 세계는 경쟁하는 이념들의 갈등에 휩싸여 있으며, 그 갈등의 명백한 원인들 중 하나는 우리 이념의 승리와 상대편 이념의 패배에 대한 갈망입니다. 저는 여기서 근본적인 동기는 이념과 별 상관이 없다고 생각합니다. 이념이란 사람들을 묶는 방법에 불과한 것이며, 여기에 관련된 열정들은 경쟁 집단들 사이에 상존하는 것이라고 생각합니다.

물론 공산주의자들을 혐오하는 다양한 이유가 있습니다. 첫째, 우리는 그들이 우리의 재산을 빼앗아간다고 믿습니다. 하지만 강도들도 우리의 재산을 빼앗아갑니다. 비록 우리가 강도들을 용인하지는 않지만 그들에 대한 우리의 태도는 공산주의자들에 대한 태도와 아주 다릅니다. 이것은 강도들이 공산주의자들과 같은 정도의 두려움을 주지 않기 때문입니다. 둘째, 우리는 공산주의자들이 비종교적이라는 이유로 그들을 혐오합니다. 하지만 중국인들은 11세기 이래 비종교적이었으며, 우리가 그들을 미워하기 시작한 것은 장제스가 대만으로 쫓겨난 이후의 일입니다. 셋째, 우리는 공산주의자들이 민주주의를 믿지 않는다는 이유로 그들을 혐오합니다. 하지만 우리는 스페인의 독재자 프랑코를 미워하는 이유로 이 점을 고려하지는 않습니다. 넷째, 우리는 공산주의자들이 자유를 허용하지 않는다는 이유로 그들을 혐오합니다. 이 점에 대해 느낀 바가 너무 많아서인지 우리도 그들을 모방하기로 결심했습니다.

이런 이유들 가운데 어떤 것도 우리의 혐오를 정당화하는 진정한 근거가 아니라는 것은 명백합니다. 우리가 그들을 두려워하고 그들이 우리를 위협하기 때문에 그들을 혐오하는 것입니다. 비록 러시아인들이 아직도 그리스정교를 신봉한다 하더라도, 비록 그들이 의회주의적 정부를 가지고 있다 하더라도, 비록 그들이 매일처럼 우리를 혹평하는 완전히 자유로운 언론을 가지고 있다 하더라도 우리는 여전히 그들을 혐오할 것입니다. 그들이 지금처럼 강력한 군대를 보유하고 있으며 우리가 그들을 적대적으로 생각할 근거를 제공한다면 말입니다. 물론 '신학자들 사이의 반감(odium theologicum)'이라는 것도 있고 그것이 적개심의 원인이 될 수도 있습니다. 하지만 나는 이것이 패거리 감정의 한 갈래라고 생각합니다. 나와 다른 신학을 가진 자는 낯설게 느껴지고, 낯선 것은 모두 위험한 것임이 틀림없다는 것입니다. 실제로 이념은 집단을 형성하는 방법의 하나일 뿐이며, 그 집단이 어떻게 형성되었다 하더라도 구성원들의 심리는 대동소이합니다.

여러분은 제가 나쁜 정치적 동기들, 혹은 기껏해야 윤리적으로 중립적인 동기들만 다뤘다고 느끼실 수도 있습니다. 저는 그런 동기들이 대체적으로 이타적인 동기들보다 더 강력하다고 생각합니다만, 이타적인 동기들이 존재할뿐더러 때로는 효과적일 수 있다는 점을 부인하지는 않습니다. 19세기 초 영국에서 벌어진 노예제 반대 시위는 의심할 나위 없이 이타적이었고 대단히 효과적이었습니다. 그것이 가진 이타성은 1833년 영국의 납세자들이 자메이카의 지주들에게 그들의 노예들을 해방시키는 대가로 몇백만 파운드를 지불했다는 사실로도 잘 입증됩니다. 또 비엔나 회의(20여 년에 걸친 나폴레옹 전쟁의 마무리를 위해 1814년부터 1815년까지 열린 국제 회의)에서 영국 정부가 다른 나라들이 노예무역을 포기하도록 유도할 목적으로 중대한 양보를 하려 했다는 사실도 있습니다. 이것은 과거의 사례지만 요즘 들어서는 미국이 이와 비슷하게 주목할 만한 사례들을 제공해왔습니다. 하지만 저는 여기서 이 사례들을 다루지는 않겠습니다. 현재 이를 둘러싸고 벌어지는 논란들 속으로 들어가고 싶지 않기 때문입니다.

저는 동정심이 진정한 동기이며, 어떤 시점에서 어떤 사람들이 타인들의 고통 때문에 다소 불편함을 느낀다는 점에는 의문을 제기할 수 없다고 생각합니다. 지난 수백 년 동안 이루어진 많은 인도주의적 발전을 낳은 것은 동정심입니다. 정신병자들을 학대했다는 이야기를 들을 때 우리는 충격을 받습니다. 이제는 그들이 학대받지 않는 상당수 정신병원이 있습니다. 서구 국가의 죄수들은 고문을 당해서는 안 되며, 혹시 그들이 고문을 당했을 때 그 사실이 밝혀진다면 격렬한 항의가 일어납니다. 우리는《올리버 트위스트》에서처럼 고아들을 학대하는 것을 용인하지 않습니다. 프로테스탄트 국가들은 동물들에 대한 가혹 행위를 금지하고 있습니다. 이 모든 방법들을 통해 동정심은 정치적으로 영향력을 발휘합니다. 만일 전쟁에 대한 공포가 사라진다면 동정심의 영향력은 훨씬 더 커질 것입니다. 아마도 인간의 미래에 대해 가질 수 있는 최상의 희망은 동정심의 범위와 강도를 증대시키는 방법을 발견하는 일일 것입니다.

이제 논의를 정리하겠습니다. 정치는 개인보다 집단과 더 관련이 있으며, 따라서 정치에서 중요한 열정들은 주어진 집단의 다양한 구성원들이 비슷하게 느낄 수 있는 것들입니다. 정치적 구조들을 떠받치는 폭넓은 본능적 기제는 집단 내부의 협력과 다른 집단에 대한 적개심입니다. 집단 내부의 협력은 결코 완벽할 수 없습니다. 순응하지 않는 구성원들도 있고 무리 밖으로 떠도는 구성원들도 있습니다. 이들은 평범한 수준에 못 미치거나 그것을 넘어서는 구성원들입니다. 바보, 범죄자, 예언자, 발견자가 그런 사람들입니다. 현명한 집단이라면 평균을 넘어선 사람들의 괴팍함을 용인하는 법과 평균을 하회하는 사람들을 최소한의 잔인함으로 대하는 법을 배울 것입니다.

다른 집단들과의 관계에서 현대의 기술은 본능과 현명한 이기심(self-interest) 사이에 갈등을 낳았습니다. 옛날에는 두 부족이 전쟁을 하면 어느 한쪽이 다른 쪽을 전멸시키고 그 영토를 합병했습니다. 승자의 관점에서 볼 때 그 모든 것은 대단히 만족스러웠습니다. 살인은 아무런 대가를 요구하지 않았고 살인에 따른 흥분은 기분 좋은 것이었습니다. 그런 환경 속에서 전쟁이 끊임없이 계속되었다는 것은 놀라운 일이 아닙니다. 불행히도 우리는 아직도 그런 원시적 전쟁에 적합한 감정들을 갖고 있는 반면, 실제 전쟁의 양상은 완전히 바뀌었습니다. 적을 죽이는 것은 매우 값비싼 행동입니다. 만일 최근의 전쟁에서 얼마나 많은 독일인들이 죽었는지, 그리고 승전국 국민들이 소득세로 얼마를 지불했는지를 따져본다면 사망한 독일인 한 명당 투입된 비용을 계산할 수 있으며, 그것이 상당한 금액임을 발견하게 될 것입니다. 동유럽에서는 독일인의 적들이 패배한 주민들을 추방하고 그들의 땅을 점령하는 옛날식 이점을 확보했던 것도 사실입니다. 하지만 서유럽의 전승국들은 그런 이점을 전혀 확보하지 못했습니다. 재정적인 관점에서 현대전은 좋은 장사가 아니라는 것은 명백합니다.

    비록 우리가 두 차례 세계대전에서 이겼지만, 만일 그 전쟁들이 터지지 않았더라면 우리는 지금 훨씬 더 부유할 것입니다. 만일 사람들이 현명한 이기심에 따라 움직인다면(몇몇 성자들을 제외하면 그러지 못하지만) 인류 전체가 협력하게 될 것입니다. 더 이상의 전쟁도, 더 이상의 육군도, 더 이상의 해군도, 더 이상의 원자폭탄도 없을 것입니다. B 국민의 마음속에 A 국민에 대한 나쁜 생각을 주입시키려고 고용되는 선전원들도 없을 것이며 반대의 경우도 없을 것입니다. 외국의 책과 외국의 아이디어가 아무리 훌륭하다 하더라도 그것의 수입을 막기 위해 국경에 배치되는 관리들도 없을 것입니다. 하나의 대기업이 더 높은 채산성을 올릴 수 있는 상황임에도 많은 소기업들의 존속을 보장하기 위한 관세장벽도 없을 것입니다. 만일 사람들이 이웃의 고통을 갈망하는 만큼 열렬하게 자신의 행복을 갈망한다면 이 모든 일들은 매우 신속하게 실현될 것입니다. 하지만 이런 유토피아적인 꿈을 꿔본들 무슨 소용이 있을까요? 도덕주의자들은 우리가 완전히 이기적이지 않도록 만전을 기할 것이기 때문입니다. 하지만 우리가 그렇게 되기 전까지는 인류의 황금시대가 도래하지 않을 것입니다.

    저는 냉소적인 분위기로 연설을 끝낸다는 인상을 드리고 싶지 않습니다. 저는 이기심보다 나은 것들이 존재하며, 몇몇 사람들은 그것들을 성취한다는 점을 부인하지 않습니다. 한편으로는 정치가 관련되어 있는 대규모 인간 집단이 이기심을 뛰어넘어 향상될 수 있는 반면, 다른 한편으로는 사람들이 이기심보다 훨씬 아래로 떨어지게 되는 수많은 상황들이 있다고 저는 주장합니다. 여기에서 이기심이 '계몽된 이기심(enlightened self-interest, 타인의 이익을 위해 행동하는 것이 자신의 이익에도 부합한다는 맥락의 이기심)'으로 해석된다면 말입니다.

사람들이 이기심보다 아래로 떨어지는 경우는 대부분 그들이 이상적인 동기에서 출발하여 행동한다고 확신하는 경우입니다. 이상주의라고 통용되는 것들의 많은 부분이 실은 위장된 증오심이거나 위장된 권력욕입니다. 만일 여러분이 대규모 대중이 고귀한 동기처럼 보이는 것들에 휘둘리는 것을 보게 된다면, 그 표면 아래를 들여다보고 이런 동기들이 효력을 발휘하는 이유가 무엇인지 자문해보시기 바랍니다. 그것은 부분적으로 (제가 지금까지 시도한 것과 같은 심리학적 탐구를 할 만한 가치가 있는) 고귀함이라는 허울에 사람들이 속아 넘어가기 쉽기 때문입니다. 결론적으로 저는 이렇게 말씀드리고 싶습니다. 만일 제가 지금까지 말씀드린 내용이 옳다면 이 세상을 행복하게 만드는 데 필요한 가장 중요한 것은 지성입니다. 그리고 이것은 결국 낙관적인 결론입니다. 지성이란 교육이라는 잘 알려진 방법을 통해 키울 수 있는 것이기 때문입니다.

명료한 사유를
위한 변론

말에는 두 가지 기능이 있다. 그것은 한편으로 사실을 진술하고 다른 한편으로 감정을 촉발시킨다. 후자는 둘 가운데 더 오래된 기능이며, 동물들도 언어 이전의 언어인 울음소리라는 형태로 이를 구사한다. 야만에서 문명으로 전환되는 과정에서 나타나는 가장 중요한 요소들 중 하나는 상대방을 흥분시키는 말보다 대상을 지칭하는 말이 더 많이 사용된다는 것이다. 하지만 정치에서는 이 방향으로의 진전이 거의 이루어지지 않았다. 만일 내가 헝가리 영토가 몇 제곱킬로미터라고 말한다면 그것은 순수하게 정보를 전달하는 진술이지만, 러시아 영토가 지구 표면의 6분의 1이라고 말한다면 그 진술은 대체로 감정적인 것이다.

'민주주의'의 의미

정치적 논란에 쓰이는 모든 상투적 단어들은 그것들이 가진 분명한 사전적 의미에도 불구하고 실제로는 말하는 사람의 정치적 소속에 따라 의미가 달라지며, 격렬한 감정을 자극하는 힘을 가지고 있다는 점에서만 그 의미가 일치한다. '자유(liberty)'라는 단어는 원래 외국의 지배가 없는 상태를 의미했다가 왕권의 구속이 없는 상태를 의미하게 되었다. 이어서 '인간의 권리' 시대로 접어들면서 개인이 정부의 간섭으로부터 자유로워야 한다는 맥락으로 사용되었다. 그리고 마침내 그것이 헤겔의 손에 이르면 '진정한 자유'라는 개념으로 쓰이게 되는데, 이것은 결국 경찰에 대한 복종을 품위 있게 받아들인다는 정도의 뜻이다.

오늘날 '민주주의'라는 단어도 이와 유사한 변형 과정을 거치고 있다. 이것은 원래 다수에 의한 정부를 의미하는 말이었다. 여기에는 미미한 정도의 개인적 자유라는 불명확한 개념이 포함되어 있었다. 그다음에는 민주주의가 가난한 자들의 이익을 대변하는 정당의 목표를 의미하게 되었다. 이는 도처에 있는 가난한 자들이 사회의 다수를 차지하고 있다는 사실에 근거한 것이다. 이어지는 단계에서 이 단어는 정당의 지도자들이 가진 목표를 대변하는 것으로 변질되었다. 이제 그것은 동유럽 전체와 아시아의 많은 영역에 걸쳐, 과거에는 가난한 자들을 위해 싸웠지만 이제는 부자들을 파멸시키는 일에만 그 싸움을 국한시키는 이들이 장악한 독재 정부를 의미하게 되었다. 그 경우에도 새로운 의미에서 '민주적인' 부자들은 공격의 대상에서 제외되었다. 이것은 매우 강력하고 성공적인 정치적 선동 방식이다. 특정한 감정이 실린 특정한 단어를 오랫동안 들어온 사람들은 비록 그 의미가 달라졌다 하더라도 같은 단어를 들을 때 예전과 같은 감정을 느끼기 쉽다. 세월이 흐른 뒤 달을 향한 시험 여행에 나설 지원자들이 필요할 때, 그 위성에 '즐거운 나의 집'이라는 새로운 이름을 붙이면 쉽게 모집할 수 있을 것이다.

젊은이들이 모호한 감정의 안개가 낀 단어들이 아니라 정확한 의미를 가진 단어들을 사용하도록 가르치는 것은 과학과 과학적 철학(scientific philosophy, 분석철학자들이 자신들의 과학적 방법론을 강조하여 분석철학을 지칭하는 용어. 철학의 한 분과로서 과학을 그 대상으로 삼는 과학철학(philosophy of science)과는 구별되어야 한다) 만큼이나 교육이 담당해야 하는 몫이다. 오랜 관찰 결과, 나는 과학적 철학의 추구가 이런 측면에서 효과적이라는 것을 잘 알고 있다.

최근의 전쟁이 발발하기 2~3년 전, 나는 파리에서 열린 과학적 철학 국제학회에 참석한 적이 있다. 참석자들의 출신 국가가 무척 다양했는데, 그들 각각의 정부는 무력에 기대지 않고서는 해결될 희망이 실질적으로 보이지 않는 험악한 분쟁에 휘말려 있었다. 학회 회원들은 공식적인 회의시간에는 난해한 논리학이나 인식론의 쟁점들을 토론했다. 하지만 겉으로 세상사와는 완전히 담을 쌓은 것처럼 보였던 그들이 자유시간만 되면 국제 정치의 가장 골치 아픈 문제들을 있는 대로 꺼내서 논쟁을 벌였다. 그러나 나는 그들 중 어떤 사람이 애국심 섞인 편견을 드러내거나 자기 나라의 이익에 반하는 주장을 듣고 흥분하여 균형 감각을 잃는 모습을 단 한 번도 보지 못했다. 만약에 그 학회가 세계 정부를 장악할 수 있었다면, 그리고 그들이 촉발하게 될 모든 광신도들의 격분을 화성인들이 막아주었다면, 그들은 분노한 소수파의 항의를 무시하지 않고도 공정한 결정들을 내릴 수 있었을 것이다.

만일 그 학회 회원들이 속한 몇몇 나라의 정부들이 마음만 먹었다면, 그 회원들은 자국의 젊은이들을 교육시켜 자신들과 동등한 수준의 공평무사함에 이르도록 할 수 있었을 것이다. 하지만 정부들은 그런 선택을 하지 않았다. 정부들은 학교에서 불합리와 증오, 의심과 질투라는 씨앗을 키워낼 만반의 태세를 갖추고 있다. 이것들은 모두 인간의 마음에서 열매 맺기가 너무 쉬운 씨앗들이다.

정치적 열정은 너무나 맹렬하면서도 인간에게 너무나 자연스러운 것이기 때문에, 정치의 영역에서는 언어의 정확한 사용법을 먼저 가르칠 수 없다. 오히려 열정을 상대적으로 적게 불러일으키는 단어들로 교육을 시작하는 편이 더 쉽다. 지적인 중립성을 훈련시키는 것이 냉소주의를 낳는 것처럼 보이기 쉽다. '진실(truth)'이라는 단어를 예로 들어보자. 이 단어를 어떤 사람들은 경외심을 갖고 사용하는 반면, 본디오 빌라도(Pontius Pilate, 그리스도 당시 이스라엘을 통치했던 로마 총독) 같은 사람들은 조롱하는 마음으로 사용했다. 지적인 중립성을 배우는 초심자는 '진실이 문장의 속성이다' 같은 말을 들을 때 충격을 받는다. 그는 문장이란 거창한 것도 우스꽝스러운 것도 아니라고 생각하는 데 익숙하기 때문이다. 혹은 '무한(infinity)'이란 단어를 예로 들어보자. 사람들은 당신에게 유한한 마음이 무한을 이해할 수는 없다고 말한다. 만일 당신이 "무한이란 단어를 어떤 의미로 말씀하신 건가요? 그리고 어떤 맥락에서 인간의 마음은 유한한가요?"라고 묻는다면, 그들은 즉각 화를 내고 말 것이다. 사실 '진실'이란 단어는 수학자들이 규정한 완벽하게 정확한 의미를 가지고 있으며, 그것은 수학의 다른 개념들만큼이나 이해하기 쉬운 의미를 가지고 있다.

단어들에서 감정을 제거하고 그 자리에 명료한 논리적 의미를 대체하는 기술을 경험하게 되면, 격앙된 정치적 선전의 홍수 속에서 침착함을 잃지 않고자 할 때 굳건히 서 있을 수 있다. 1917년 미국의 윌슨 대통령은 자결(self-determination)이라는 위대한 원칙을 선언했다. 이에 따라 모든 국가

(nation)가 자신의 문제들을 결정할 수 있는 권리를 갖게 되었다. 하지만 불행하게도 그는 '국가'라는 단어의 정의를 덧붙이는 것을 잊고 말았다. 아일랜드는 국가였는가? 분명히 그렇다. 그렇다면 북아일랜드는 국가였는가? 신교도들은 그렇다고 말했고 구교도들은 아니라고 말했으며 사전에는 그런 항목이 없었다. 오늘날까지도 이 문제는 해결되지 않은 채로 남아 있으며 이와 관련된 논란들은 영국에 대한 미국의 정책에 영향을 미치게 될 것 같다.

케렌스키(Aleksandr Fyodorovich Kerensky, 1917년 7~10월 러시아 임시정부의 수반을 지낸 온건파 사회주의 혁명가) 시절의 페트로그라드에서는 어떤 단독 가구가 스스로 자유로워지기 위해 정당하게 투쟁하는 국가라고 선포하고 윌슨 대통령에게 별도의 의회를 승인해달라고 호소했다. 하지만 이것은 너무 멀리 나간 느낌이 있었다. 만일 윌슨 대통령이 논리적 정확성을 훈련받았더라면, 국가란 특정한 숫자 이상의 개인들을 그 속에 포함하고 있어야 한다는 각주를 덧붙였을 것이다. 하지만 이것은 그의 원칙을 자의적인 것으로 만들었고 그것이 가진 수사학적인 힘을 약화시켰을 것이다.

추상적인 형식으로 문제들을 번역하기

과학적 철학이 가르치는 한 가지 유용한 기술은 모든 문제를 구체적인 형식으로부터 추상적인 형식으로 변환시키는 것이다. 예를 들자면 다음과 같다. 아일랜드 사람들은 하나의 민주적 정부라는 틀 속에서 영국에 포함되는 것에 반대할 권리를 가지고 있었던가? 미국의 모든 급진주의자들은 그렇다고 대답할 것이다. 그렇다면 파키스탄의 이슬람교도들은 인도의 힌두교도들에 맞서 그와 똑같은 권리를 가지고 있는가? 미국의 급진주의자 열 명 가운데 아홉 명은 아니라고 대답할 것이다.

이 두 가지 문제가 추상적인 용어로 진술됨으로써 해결될 수 있다고 주장하는 것은 아니다. 하지만 이 두 가지 구체적인 문제들을 (우리와 감정적으로 강하게 연결되어 있는 국가나 공동체의 이름이 A와 B라는 글자로 바뀐) 하나의 추상적인 문제로 대체한다면, 공평무사한 해결책에 도달하기 위해 어떤 고려들이 이루어져야 하는지 아는 것이 훨씬 더 쉬워진다.

정치적인 문제들은 정확한 생각만으로도, 올바른 감정만으로도 해결될 수 없다. 사실들을 평가할 때 정확한 생각이 그 평가의 중립성에 기여할 수 있지만, 그렇게 획득한 지식에 역동적인 힘을 부여하기 위해서는 올바른 감정이 요구되기 때문이다. 보편적인 행복에 대한 소망이 없다면, 아무리 많은 지식도 인류의 행복을 증진하기 위해 필요한 행동을 촉발시키지는 못할 것이다. 하지만 많은 사람들은 혼란스러운 생각 때문에 아무런 자각도 없이 나쁜 열정이 시키는 대로 행동할 수 있으며, 그들이 순수한 지적 수단에 힘입어 그런 자각을 하게 될 때 좀더 친절하고 평화로운 방식으로 행동하도록 유도될 수 있다.

만약에 전 세계 학교들이 단일한 국제적 당국의 통제를 받고 그 당국이 열정을 부추기는 것으로 추정되는 단어들의 용법을 명료하게 만드는 데 전력을 기울인다면, 국가와 종교와 정당들 사이에 현존하는 증오가 급속히 줄어들 것이며, 전 세계에 걸친 평화의 유지는 쉬운 문제가 될 거라고 나는 강하게 확신한다. 한편 명료한 사유를 지지하고 상호 파괴적인 적개심에 반대하는 사람들은 인간의 본성이 빠지기 쉬운 열정들뿐만 아니라 편협함과 광적인 자기주장을 가진 거대하고 조직화한 세력들에 대해서도 반대하는 일에 노력을 기울여야 한다. 이러한 투쟁 속에서 명료하고 논리적인 사유는, 비록 그것이 여러 요소들 중 하나에 불과할지라도 결정적인 역할을 하게 된다.

인류에게 미래가 있는가

— 프롤로그 혹은 에필로그

'인간 혹은 다소 교만하게 스스로 호모 사피엔스라고 일컫는 종은 지구라는 행성에 있는 동물 종들 가운데 가장 흥미로운 동시에 가장 짜증스러운 존재이다.'

이것은 어느 철학적인 화성인 생물학자가 지구상의 동식물군에 관해 작성한 보고서의 마지막 장을 시작하는 첫 문장일지도 모른다. 정서적으로 또 본능적으로 지구와 깊이 연루되어 있는 우리가, 다른 세계에서 온 방문객이라면 자연스럽게 갖게 될 객관적이고 폭넓은 관점을 획득하기란 어려운 일이다. 하지만 우리가 가상한 화성인의 방식으로 관찰을 시도해보는 것, 그리고 이런 관찰에 비추어 우리 종의 과거와 현재와 미래(혹시 미래가 있다면)를 평가하는 것은 때때로 유용하다. 또 인간이 지구상의 생명에게 여태껏 해온 행동과 지금 하고 있는 행동, 그리고 미래에 다른 행성의 생명에게 할 수도 있는 행동의 가치를 선악과 상관없이 평가하는 것도 때때로 유용하다. 이런 탐구를 할 때, 일시적인 열정들은 마치 비행기에서 내려다본 작은 언덕들이 평평해 보이는 것처럼 그 중요성을 상실하게 된다. 반면에 영구적으로 중요한 것들은 제한된 관점에서 볼 때보다 더욱 선명하게 두드러져 보인다.

처음에는 인간이 전반적인 생존 투쟁에서 그다지 밝은 전망을 가지고 있지 않은 것처럼 보였다. 인간은 지상에서 보기 드문 종족이었다. 맹수들을 피하기 위해 나무에 오를 때는 원숭이보다 민첩하지 못했고, 자연적으로 추위로부터 몸을 보호해주는 털도 거의 없었으며, 긴 유아기 때문에 방해를 받았고, 다른 종들과의 경쟁 속에서 식량을 확보하는 데도 어려움을 겪었다. 초기에 그가 가진 유일한 이점은 두뇌였다. 시간이 흐름에 따라 두뇌는 지식을 쌓을 수 있다는 것을 입증했으며, 인간을 사냥당하는 도망자에서 지구의 주인으로 탈바꿈시켰다. 이 과정의 초기 단계들은 선사시대의 일이며 그 순서 또한 추정에 따른 것이다. 인간은 불을 길들이는 법을 배웠다. 그 이전의 불은 우리 시대에 핵에너지의 방출이 갖는 위험들보다 정도는 약하지만 그와 유사한 위험들을 드러냈다. 불은 인간의 음식을 개선시켰을 뿐만 아니라 동굴 입구에서 계속 타오름으로써 그가 잠자는 동안 안전을 보장해주었다. 인간은 동물들을 가축화했으며 역사시대의 여명에는 농사법을 발견했다.

그러나 인간이 가진 다른 모든 이점들을 뛰어넘는 최고의 이점 한 가지가 있다. 그것은 바로 언어이다. 음성 언어는 순수한 동물적 울음소리로부터 아주 천천히 발달했다고 추정해야 할 것이다. 문자 언어는 처음에는 말을 받아 적은 것이 아니라 정보를 담은 그림들이었다. 이것이 점점 더 양식화해서 문자로 정착되었다. 언어의 막대한 가치는 그것이 경험의 전달을 가능하게 만들었다는 점이다. 한 세대에서 학습된 내용 전체가 그 다음 세대로 전달될 수 있었다. 교육이 개인적 경험을 대규모로 대체할 수 있었다.

문자는 지식의 저장고를 창출하는 데, 그리고 기록이라는 수단을 통해 기억을 보완하는 데 말보다 훨씬 크게 기여했다. 그 무엇보다 인간의 진보를 가능하게 한 것은 개인들이 발견한 것을 보존하는 바로 이 기능이었다. 상응하는 유전적 능력의 발전을 수반한 두뇌 용량의 생물학적 향상이 이뤄진 시기가 있었다. 하지만 그 시기는 약 50만 년 전에 끝났다. 그 이후 타고난 지능은 거의 향상되지 않았으며, 인간의 진보는 전통과 교육을 통해 전달되는 후천적 기술에 의지해왔다. 이런 토대들은 의식적인 목적 없이 선사시대에 구축되었지만, 일단 그것들이 구축되자 지식과 숙달의 영역에서 끊임없이 가속되는 발전이 가능해졌다. 지난 5세기 동안의 발전은 앞서 기록된 전체 역사시대의 발전보다 더 컸다. 우리 시대가 가진 문제들 가운데 하나는 생각의 습관이 기술만큼 빠르게 변화하지 않는다는 점이다. 그 결과, 기술이 증가함에 따라 지혜는 점점 사라지고 있다.

인간은 자신의 생존이 여전히 의심스러웠던 오랜 세월의 질곡으로부터 벗어났다. 이것은 그가 습득한 유용한 기술들, 과거의 투쟁을 통해 형성된 본능과 습관들이 있었기에 가능한 일이었다. 인간은 아직도 기근과 홍수, 화산 폭발 같은 외부적 위험들을 안고 있다. 기근에 맞서 인간이 초기 단계에서 할 수 있었던 일은 성서의 〈창세기〉에 기록되어 있다(야곱의 아들 요셉이 이집트의 파라오에게 조언하여, 7년간 풍년이 들 때 식량을 비축했다가 이어진 7년간 기근이 들 때 그 식량을 풀어 대처했던 사례를 말하는 듯). 홍수에 대비해서는 두 가지 방식이 시도되었다. 역사의 여명기에 중국인들은 황하를 따라 제방을 쌓았던 반면, 서아시아 사람들은 노아의 방주 이야기에 나오는 것처럼 홍수에 대한 최선의 보호책은 도덕적 삶이라고 생각했다. 그들은 화산 폭발에 관해서도 이런 견해를 유지했으며, 소돔과 고모라의 파괴에 대한 설명 속에서 그것을 문자 그대로 표현했다. 오늘날까지도 중국과 서아시아에서 유래한 두 가지 유형의 이론이 불편한 적대감 속에서 계속 이어져왔지만, 중국의 관점이 점점 더 많이 보급되어온 것도 사실이다. 그러나 최근에 전개된 사태들은 도덕적 삶(전통적인 의미에서가 아닌)이 제방만큼이나 생존에 필수적이라는 것을 보여주었다.

인간은 외부적 환경의 위험들로부터 벗어남에 따라, 앞선 시기 내내 자신을 생존하게 해주었던 본능적 기질과 감정적 기질을 지닌 채로 새로운 세계에 진입했다. 앞선 시기에 인간이 살아남기 위해서는 대단한 강인함과 열정적인 투지가 필요했다. 기민한 경계심과 조심스러운 두려움, 그리고 위기가 닥치면 위험에 맞설 용기가 필요했다. 오래된 위험들을 극복했을 때 인간은 이런 습관과 열정이라는 장비들을 가지고 무엇을 할 수 있었을까? 그는 사자와 호랑이에게 겨누었던 적개심과 의심을 자신의 동료인 인간들에게로 돌렸다. 하지만 그것이 모든 인간들을 향한 것은 아니었다. 그가 살아남는 과정에서 쓰였던 많은 기술들은 사회적 협력을 필요로 했기 때문이다. 따라서 그의 적개심과 의심은 협력 집단 외부에 있는 인간들을 향했다. 따라서 인간은 여러 세기에 걸친 부족 간의 결속과 조직적인 전쟁을 통해, 과거의 생존 투쟁이 몸속에 심어놓은 본능적인 흉포성과 의심을 사회적 협력에 대한 욕구와 조화시켰다. 역사의 여명기로부터 우리 시대에 이르기까지 지성이 창조한 기술은 계속해서 환경을 변화시켜온 반면, 대부분의 본능과 감정은 더 거칠고 원시적인 세계에 맞춰 형성되었던 상태 그대로를 고수해왔다.

외부 세계에서 유래한 공포와 의심을 경쟁 집단의 인간들에게 돌림에 따라 새로운 종류의 집단생활이 탄생했다. 인간은 반사회적 행동의 충동이 전혀 없는 개미나 벌만큼 완전히 사회적이지는 않다. 사람들은 드물지 않게 자신들의 왕을 죽였지만, 벌들은 자신들의 여왕을 암살하지 않는다(벌집의 규칙에 따른 예외는 있지만, 우발적인 폭군 살해의 사례는 알려져 있지 않다). 다른 집단의 개미가 우연히 낯선 개미집에 침입하면 즉시 죽임을 당한다. 거기에는 어떤 '반전 운동'도 벌어지지 않고 체제에 반대하는 소수파도 없으며 사회적 결속이 각 개인의 행동을 예외 없이 지배한다. 인간에게는 이것이 적용되지 않는다. 원시인은 아마도 가족보다 큰 사회적 집단을 몰랐을 것이다. 인간의 적들로부터 오는 위험의 결과, 가족은 공통의 선조를 갖거나 그렇다고 알려진 부족으로 확대되었다. 전쟁은 부족들의 결합을 낳았으며 거기에서 국가와 제국과 동맹이 나왔다. 필수적인 사회적 결속이 종종 붕괴되었지만 그런 일이 벌어지면 패배가 뒤따랐다. 그 결과 부분적으로는 자연 선택으로써, 부분적으로는 이해관계를 의식함으로써 사람들은 시간이 흐를수록 큰 집단 속에서 협력할 수 있었으며, 그들의 선조들에게 결여되었던 집단성을 보여줄 수 있었다.

우리가 살고 있는 세계는 약 6천 년간의 조직화한 전쟁으로 형성되었다. 전쟁에서 패배한 쪽은 대체로 전멸하거나 그 숫자가 크게 줄었다. 전쟁에서의 성공은 다양한 요소들에 달려 있었다. 그중에서 가장 중요한 것은 더 많은 인구, 더 높은 기술력, 더 완벽한 사회적 결속, 그리고 구성원들의 열의였다. 순수한 생물학적 관점에서 보면, 주어진 지역에서 살 수 있는 인간들의 수를 늘리는 것은 뭐가 됐건 진보라고 간주할 수 있을 것이다. 이처럼 다소 좁은 기준에 따르면 많은 전쟁은 다행으로 간주되어야 한다. 로마인들은 서로마 제국의 대부분 지역에서 인구를 크게 증가시켰음이 틀림없다. 콜럼버스와 그의 계승자들은 원주민보다 몇 배나 많은 사람들이 서반구로부터 아메리카 대륙으로 이동하게 만들었다. 중국과 인도에서 엄청난 인구가 생겨나게 만든 것은 몇 세기에 걸친 전쟁 이후에 수립된 중앙집권적 왕조들이었다. 하지만 이것이 꼭 전쟁의 결과인 것만은 아니다. 몽골인들은 터키인들이 칼리프 제국에서 그랬던 것처럼 페르시아에 회복할 수 없는 피해를 입혔다. 지금은 사막 지역에 있는 북아프리카의 유적은 로마의 멸망으로 인한 피해를 웅변적으로 보여준다. 중국에서 벌어진 태평천국의 난은 제1차 세계대전보다 더 많은 사망자를 초래했다고 추정된다. 이 모든 경우에서 승리는 덜 문명화한 편으로 갔다. 하지만 이처럼 반대되는 사례들에도 불구하고, 모든 것을 감안할 때 전쟁은 우리 행성에 거주하는 인간들의 숫자를 줄이기보다 늘리는 데 더욱 기여했던 것 같다.

그러나 생물학과는 다른 관점도 있다. 단지 숫자의 관점에서 보면 개미는 인간보다 몇백 배나 성공적이었다. 나는 호주에서 인간은 전혀 없지만 헤아릴 수 없이 많은 흰개미 떼가 살고 있는 광대한 지역을 목격한 적이 있다. 하지만 우리는 이런 이유로 흰개미가 우리보다 우월하다고 간주하지는 않는다. 인간은 자신을 거대 포유류 중에서 가장 번성하게 만들어준 장점들 말고도 다른 장점들을 가지고 있다. 인간에게만 특유한 이 장점들을 총칭하여 문화적인 것이라고 표현할 수 있다. 그것들은 사회적이라기보다는 개인적인 특성을 가지며, 사회적 결속이나 전쟁에서 승리하기 위한 능력과는 상당히 구별되는 사안들과 관련되어 있다.

인류가 경쟁적이고 종종 적대적이기도 한 국가들로 나뉜 것은 누가 명예를 누릴 것인가 하는 문제에 관한 국민적 평가에 참담할 정도로 왜곡된 영향을 미쳐왔다. 영국에 사는 우리는 넬슨과 웰링턴에게 가장 눈에 띄는 공공 기념물들을 헌정했다. 우리가 그들을 존경하는 건 그들이 외국인들을 죽이는 기술을 가졌기 때문이다. 이상하게 들릴지도 모르지만, 외국인들은 이런 탁월함을 보여준 저 영국인들에 대해 우리와 같은 존경심을 느끼지 않는다. 만일 당신이 교육받은 외국인 누구에게라도 무엇을 영국의 자랑거리로 생각하느냐고 물어본다면, 그가 넬슨과 웰링턴보다 셰익스피어와 뉴턴과 다윈을 언급할 가능성이 훨씬 더 클 것이다. 어쩌면 외국인들을 학살하는 것이 인류 전반의 이익이라는 측면에서 때때로 필요했을 수 있지만, 그것이 정당화되었을 때는 국민적 자부심과 탐욕만을 표출하는 경우가 종종 있었다.

인류가 존경받을 만한 가치가 있는 것은 인류가 가진 살인의 기술 때문이 아니다. 이집트 사자의 서에 나와 있는 것처럼, 최후의 인간이 지하세계의 재판관 앞에 가서 인류의 멸종은 유감스러운 일이라고 변호할 때, 과연 그는 어떤 주장을 펼 수 있을까? 나는 그가 인류의 삶은 대체로 행복했다고 말할 수 있다면 좋겠다. 하지만 농사와 사회적 불평등과 조직화한 전쟁이 시작된 이래 지금까지 대다수 인류는 고통과 과도한 노동, 그리고 가끔씩 찾아오는 비극적인 재난으로 점철된 삶을 살아왔다. 아마 앞으로는 더 이상 이렇지 않을 것이다. 이제는 약간의 지혜가 모든 인간의 삶을 즐겁게 만들어줄 것이기 때문이다. 하지만 이런 약간의 지혜가 곧 생길지 여부를 누가 알 수 있겠는가? 한편, 우리의 마지막 인간이 오시리스 신(죽은 자를 심판한다고 알려진 이집트의 신)의 승인을 받기 위해 제시해야 할 것은, 인류가 전반적으로 행복했던 역사와는 다른 그 무엇일 것이다.

내가 만일 오시리스 신에게 인류의 존속을 탄원하는 사람이라면 이렇게 말할 것이다.

"오, 공정하고 너그러우신 재판관님. 우리 종족에게 제기된 혐의는 모두 충분히 타당하며, 그 어느 때보다 오늘날 더더욱 그러합니다. 그러나 우리 모두가 유죄인 것은 아닐뿐더러, 우리의 환경이 키워준 잠재력보다 더 나은 잠재력을 갖고 있지 않은 사람은 소수에 불과합니다. 우리가 고대의 무지와 기나긴 생존 투쟁이라는 늪에서 최근에야 벗어났다는 점을 잊지 말아주십시오. 우리가 알고 있는 것 대부분은 고작 지난 열두 세대 동안 발견해온 것입니다. 우리 가운데 많은 이들이 자연에 대한 우리의 새로운 지배력에 도취하여 다른 인간들에 대한 지배력을 추구하는 길로 잘못 들어섰습니다. 이것은 우리가 불완전하게 벗어난 늪으로 다시 돌아가도록 미혹하는 도깨비불이었습니다. 하지만 이처럼 걷잡을 수 없는 어리석음이 우리의 모든 기력을 흡수하지는 못했습니다. 가장 큰 성운(星雲)에서 가장 작은 원자에 이르기까지, 인간이 살고 있는 세계에 대해 우리가 알게 된 것은 우리 시대 이전에 알았음 직한 것보다 더 많습니다. 재판관님께서는 지식이란 그것을 잘 사용할 수 있을 만큼 충분한 지혜를 가진 이들의 손을 벗어나면 좋은 것이 아니라고 반박하실 수도 있을 것입니다. 하지만 이런 지혜가 존재하는 것도 사실입니다. 비록 그것이 아직은 산발적으로만 드러나는 데다 사건들을 통제할 힘이 없긴 하지만 말입니다. 지상의 현자들과 선지자들은 다툼의 어리석음을 설파해왔습니다. 만일 우리가 그들의 가르침을 경청한다면 새로운 행복의 길로 들어서게 될 것입니다.

위대한 이들은 우리가 피해야 할 것들만 보여주는 데 그치지 않았습니다. 찬란하게 빛나는 아름다움이 넘치는 세계를 창조하는 것이 인간이 가진 역량의 범위 안에 있다는 것도 우리에게 보여주었습니다. 시인들과 작곡가들과 화가들을 생각해보십시오. 자신의 내면에서 상상하던 것을 장엄한 구조에 담아 전 세계에 보여주었던 그 사람들 말입니다. 이 모든 상상력의 나라가 우리의 것이 될지도 모릅니다. 그러면 인간들의 관계 역시 서정적인 시들의 아름다움을 지닐 수 있을 것입니다. 때때로 많은 사람들이 남녀 간의 사랑에서 이런 가능성을 가진 무언가를 경험하기도 합니다. 하지만 그것이 좁은 경계 안에 국한될 이유는 없습니다. 그것은 베토벤의 합창 교향곡에서처럼 전 세계를 껴안을 수 있습니다. 이 모든 일들은 인간의 능력 범위 안에 있는 것들이며, 시간만 주어진다면 미래 세대가 성취할 수 있는 것들입니다. 오시리스 신이시여, 이러한 이유로 우리는 두 손 모아 간청드립니다. 당신께서 한 번의 유예를 허락하시어 우리가 고대의 어리석음에서 벗어나 빛과 사랑과 아름다움의 세계로 들어갈 수 있는 기회를 갖도록 해주시기를 말입니다."

아마도 우리의 기도는 응답을 받을 것이다. 어쨌거나 인간 종이 보존될 가치가 있는 것은, 우리가 아는 한 인간에게만 존재하는 그러한 가능성들 때문이다.

옮긴이 **최혁순**

고려대학교 철학과를 졸업하고 출판계에서 일하다가
미국으로 이민, 번역 활동을 하고 있다.
옮긴 책으로 에리히 프롬의 《소유냐 존재냐》, 《프로이트와 정신분석》,
아놀드 토인비의 《미래를 살다》, 니체의 《오, 고독이여》,
《니체의 고독한 방황》, 토머스 불핀치의 《그리스 로마 신화》,
크세노폰의 《소크라테스 회상》 등이 있다.

나는 무엇을 위해 살아왔는가

제1판 1쇄 펴낸날 1971년 11월 5일
제3판 재쇄 펴낸날 2025년 4월 30일

지은이   버트런드 러셀
옮긴이   최혁순
펴낸이   전준배
펴낸곳   ㈜문예출판사
신고일   2004. 2. 11. 제 2013-000357호
　　　　 (1966. 12. 2. 제 1-134호)
주　소   04001 서울특별시 마포구 월드컵북로 21
전　화   02-393-5681　팩　스   02-393-5685
이메일   info@moonye.com
블로그   blog.naver.com/imoonye

ISBN 978-89-310-0749-7 03100

• 잘못 만든 책은 구입하신 서점에서 바꿔드립니다.

문예출판사® 상표등록 제 40-0833187호, 제 41-0200044호